楠原佑

JN276276

この地名が危ない

大地震・大津波があなたの町を襲う

GS

幻冬舎新書

241

はじめに
「災害地名学」のすすめ

少し大げさに聞こえるかもしれないが、私は三十年余り前から地名のことばかり考えてきた。もっと正確にいえば少年時代から半世紀以上、四六時中、寝ても覚めても「この地名は何なんだ。なぜ、こう命名されたのか」ということばかり考えて生きてきた。

その「なぜ」という問いの根底には、日本という地球上でも最も災害の多い島国で、我々の祖先がどう過酷な自然と向き合って生きてきたか、生活する場所、地域の環境、そしてその場所の地名の成り立ちなどを見つめ直したい、という思いがあったからだ。そうすればもっといろいろなことがわかってくるはずだ、という思いが私を捉えて離さなかった。

具体的に言えば、たとえばこんなケースがある。

鹿児島市の対岸に聳《そび》える火山・桜島は、大正三年（一九一四）一月、五十余年ぶりに噴火、山麓の村々が溶岩流で焼失し、死者五八名の大惨事を引き起こした。この噴火では大規模な火《か》砕流《さいりゅう》が発生、東方の大隅《おおすみ》半島との間の海峡を埋め尽くし、桜島は九州本土と地続きになった。そして、噴火は今も断続している。

問題は、この桜島は桜の名所でもないのに、なぜ「桜島」と呼ばれるようになったのかということである。考えてみれば不思議な話である。

その答えは、「花が咲く」のサク（咲）はサケル（裂）と同じ語源で、「固く閉じていた蕾《つぼみ》が開く」こと。春になると一斉に咲きそろう花もサク・ラ（ラは接尾語）であるが、時々、山頂の噴火口がサケ（裂）て溶岩と火山灰を噴き出す火山もサク（裂）ラなのである。それで人々に桜島と呼ばれるようになったのである。

もう一つ、こんなケースはどうだろう。

平成二年（一九九〇）十一月から噴火活動を再開し、翌年六月三日に溶岩ドームが崩落してマスコミ取材陣や地元消防団員計四四名という大量の犠牲者を出した長崎県雲仙《うんぜん》・普賢《ふげん》岳の噴火災害は、まだ記憶に新しい。今は平成新山《へいせいしんざん》と命名された普賢岳は、なぜ普賢岳と呼ばれたのだろうか？

普賢菩薩は釈迦《しゃか》如来《にょらい》の脇に控える仏神で、慈悲《じひ》を司《つかさど》るとされる。ちなみに、もう一体の釈迦の脇士《きょうじ》・文殊《もんじゅ》菩薩は、知恵を司る。その仏神の普賢が、なぜ火山の名になるのか。

火山が噴火することを、和語ではフク（吹）という。このフク（吹）という自動詞に対応する可能動詞はフケル（下一段活用）になるが、そのフケルの未然形に打消しの助動詞ヌが付いてフケ・ヌとなり、そのフケヌが撥音便化してフケンと発音する。

可能動詞にンを付けて否定形にする現象は、西日本では今でもごく普通に行われている。つまり普賢岳とは仏神の名を借りてはいるが、実はフケ・ヌ、すなわち「もう、吹けない（噴火しない）はず。そうあってほしい」という地元住民の願いを表現した火山名だったのである。

こんな例をあげればきりがないが、日本の地名はこのようにまことに興味がつきない。島国の民族語である和語の地名に、漢字という便利で融通無碍《ゆうずうむげ》な文字を借りて表記した矛盾が、日本の地名を難解至極なものにしている、という点は確かにある。しかし、人間が、我々日本人の祖先が使い始めた地名だから、絶対的に不可解なものであるわけがない。必ず何らかの意味、生活上に不可欠な意味があるはずだ。

この日本列島で発生する災害の様相は、実にさまざまである。先に述べた火山災害のほか、風水害・土砂災害、雪害、そして今回の東日本大震災のような地震・津波災害……地球上で発生する自然災害のほとんどすべてが、この日本列島では日常茶飯事のように起きる、と言っても過言ではない。

我々の祖先は、この日本列島に住み始めて一万数千年、この地で水田稲作を始めて二、三千年、その間いつ襲い来るか知れない災害のことを一日たりとも忘れたことはなかった。この列島の自然の脅威を知り、いつ起きるか分からない災害とどう向き合うか、その災害の被害を最小限にとどめ、被災地をどう修復し、生きるすべをどう再建するか。そうした地域住民の経験と営為、言い換えれば地域の生活史が地名には込められている。地名は「災害の履歴書」だと言ってもよい。

私はこれまでそうした数々の災害と地名の関係について学び、これを「災害地名学」と名づけて資料を集めてきた。そのなかで本書ではとくに「地震と津波」を中心に、災害について気づいたいくつかの点をまとめてみた。

本書が指摘した事例はすべて過去の出来事で、これから発生する災害には役立たない、などという意見があるかもしれない。確かに本書で取り上げた地名は、古代の国・郡・郷名や現代の市町村名・大字《おおあざ》名で、そんな大きな地名は類例が無数にあるわけではないし、同じ災害が同じ地名の地で再発するのは何百年後なのかもしれない、

だが、日本にはよく知られたそれらの大きな地名のほかに、全国に四五〇〇万に達する小字《こあざ》(地籍名)がある。四五〇〇万の現行小字は、土地の売買・登記のとき以外、社会生活にはほとんど無縁で、小字という言葉自体、あまり耳慣れない用語であろう。だがこの小字が、地名と災害の関係を解くうえでとても重要なのだ。

この小字は、明治六年(一八七三)から始められた地租改正事業によって作成された地籍図(今でいう公図)一枚一枚ごとの図名(地図学上は図幅《ずふく》名という)のことである。

明治初期の地租改正では、江戸時代の字名(地字《ちあざ》とも小名《こな》ともいう)の四、五を一つにまと

めた（柳田国男説）というから、地域社会ではその一度は廃棄された旧字《きゅうあざ》が日常生活用語として使われている例もいくつもある。そうした旧字もすべて調査可能と仮定すれば、その数はざっと二千万という数に達する。

今回の未曾有の大災害をうけて、全国の自治体では各種のハザードマップの作成が盛んになるだろう。古代以来、我々日本人は、災害被災地に「ここは危ないぞ」というメッセージとしての地名を多数名付けてきた。その現代版としてハザードマップの作製は、ぜひとも必要なことである。と同時に、そのハザードマップには、一メートル間隔の等高線（GPSを使えば、たやすいはず）とともに、公図に記載された字名や所在が確認できた旧字をぜひ載せてほしい。

今、全国各都道府県には地域ごとに地名研究会が多数結成されている。大変に結構なことだが、どうか地域の研究者は、たとえば柳田国男ら著名研究者の説を引用・転記するだけでなく、地域社会に残る小字・旧字ほかの小地名を積極的に採集してほしい。そしてそれらを、こうしたハザードマップやその前段階の地図類で位置と地形特性を確認し、方言なり古語とスリ合わせて、地域の古人が我々に何を伝えようとして命名したのか、再確認していただきたい。

被災地の復興・復旧、住民の生活再建には、膨大な資金と労力が必要とされる。その困難な作業が着実に実行されるべきは当然のことだが、地域の住民、地域の知識人に望みたいのは、どうかお役所任せの大事業だけでなく、足元に残る先人の知恵、すなわち地名に込められた地域の生活史に目を向けてほしい、ということである。本書が、そうした地域住民の地域再建の努力に、ささやかなりとも手助けとなることをひたすら願ってやまない。

この地名が危ない／目次

序章

原発は津波常襲地に建設された

空前の大津波災害

平成二十三年三月十一日午後二時四十六分、宮城県沖を震源とする東北地方太平洋沖地震が発生し、史上空前の規模の大災害を引き起こした。気象庁は発生当初、日本基準のマグニチュード（ＭＪ）で八・四と発表したが、やがて国際基準のマグニチュード（Ｍｗ）で八・八に訂正、さらに二日後の三月十三日には同九・〇と追加訂正した。岩手県沖から茨城県沖まで、実に延長距離にして約五〇〇〜七〇〇キロメートルにわたって六つの震源域がほぼ同時に連動してずれたため、マグニチュード九・〇という数値の巨大地震になったのだとされている。

平成七年一月の阪神・淡路大震災を引き起こした兵庫県南部地震はまだ記憶に新しいが、その国際マグニチュードは六・九だった。阪神・淡路と今回の東日本とでは、直下型断層地震とプレート型の違いはあるが、地震エネルギーの規模は後者が前者の実に一四三四倍に達するという（「ニュートン」別冊、二〇一一年七月）。

この大地震で特筆すべきことは、何といっても日本海側も含め規模の大小を問わず津波が日本列島の津々浦々までを襲い、とくに東北から関東に至る六県の太平洋岸で大津波災害を引き起こしたことであった。

その結果、福島県浜通《はまどお》り中部の双葉《ふたば》郡大熊《おおくま》町・双葉町境に立地する東京電力福島第一原発も

〝想定外〟の大津波に襲われた。ために原子炉冷却用電源が喪失、第1〜第3号機が原子炉融解を起こし、定期点検中の第4号機も冷却機能が失われて水素爆発を誘発し、大量の放射性物質を広範囲に撒き散らしてしまった。

原子力発電所の事故としては、一九七九年のスリーマイル島原発（アメリカ・ペンシルベニア州）、一九八六年のチェルノブイリ原発（旧ソ連・ウクライナ共和国）に並ぶ、いやもしかするとそれらを上回るかもしれない規模の最悪の事態を引き起こした。

震災発生後六カ月の段階で、死者一万五六〇〇名余・行方不明者四〇〇〇名余となっているが、七月二日の「NHK特集」によれば、死者の九割が津波による溺死者だという。「溺死」という死因は厳密には「肺に水が入り呼吸困難になって死に至ること」だが、TV映像で見る津波の惨状からは身体の損傷による死因も多かったように見える。

いずれにせよ大津波さえなかったなら、今回の大地震による犠牲者はずっと少なかったことは確かである。

気象庁は当初、この大地震を「平成二十三年東北地方太平洋沖地震」と命名したが、マスコミ各社は「東日本大震災」の名で呼び始め、この名が定着した感がある。いずれ、この大震災は「東日本大津波」の名で末永く記憶され、福島第一原発の破綻の惨事とともに語り継がれることになるだろう。

福島第一原発はなぜ破綻したか

今回の震災で特筆すべきは、何といっても東日本の太平洋岸が南北七〇〇キロにわたって大津波に襲われたことだろう。もう一つ忘れてならないことは、そのために福島県双葉郡大熊町と双葉町の境に設置されている福島第一原発が破綻したことであった。

原発を推進してきた政・官・財・学の〝鉄の四角形〟(それを支持してきたマスコミを加えれば〝鉄の五角形〟となる)は、今回の大津波は〝想定外〟だった、と弁明する。

だが、東北地方の太平洋岸で発生する大津波の危険性は、事前に指摘されていた。

独立行政法人・産業技術総合研究所の研究班は、仙台湾岸から福島県浜通り付近の地層を調査、平安前期の貞観《じょうがん》十一年(八六九)の大地震・大津波の痕跡を確認していた。その再発の可能性は、平成二十一年に原発耐震性再評価を検討する総合資源エネルギー調査会にも報告されていた。ところが、東電はこの指摘をまったく無視したという(「サンケイスポーツ」三月二十七日付)。ここに大きな問題があったといわざるを得ない

三陸リアス式海岸＝津波という思い込み

大津波で、宮城県女川《おながわ》原発は辛《かろ》うじて被災を免れたが、南南西に一一七キロ離れた福島第一原発は冷却用電源が津波で機能喪失し、やがて炉心溶融・水素爆発を起こし、世界の原子力災

害でも未曾有の大災害になった。この東日本大震災は、地震そのものによる被害よりも、津波とそれによる原発事故のため、人類史上でも忘れられない最も悲惨な災害となったといえるだろう。

ところで、日本人の感覚では「三陸海岸」という地名を耳にすると、すぐ「あの津波の多い所」というイメージが浮かび、逆に「津波」という用語を聞けば真っ先に「三陸海岸」を連想するという人が多いのではなかろうか。

現在の東北地方は江戸時代まで、太平洋岸と日本海側の津軽《つがる》は陸奥《むつ》国、北陸道の越後《えちご》国より先の津軽を除く日本海沿岸は出羽《でわ》国に区分されていた。幕末の戊辰《ぼしん》戦争で奥羽越列藩同盟を結んで新政府に対抗した奥羽地方に対し、新政府は明治元年（一八六八）十二月七日（旧暦）、太政官布告を発し陸奥国を磐城《いわき》・岩代《いわしろ》・陸前《りくぜん》・陸中《りくちゅう》・陸奥に五分割、出羽国は羽前《うぜん》・羽後《うご》に二分した。中央集権の実を挙げるため、諸藩を分割・統合して再区分する必要があったからである。

この明治元年に分割・設置された七国は、明治四年七月の廃藩置県とそれに続く府県統合をへて明治五年一月までに現在の青森・岩手・宮城・秋田・山形・福島の六県に統合されてゆく。したがって陸前・陸中・陸奥の三分呼称は実質的にはほとんど実用に供されなかった。ちなみに「東北地方」という全国を七（八）区分する称も、私が戦後の昭和二十年代半ばに小学校の社会科地理を学んだ最初は「奥羽《おうう》地方」と教わった記憶がある。

独り歩きし始めた「三陸」の称

その陸前・陸中・陸奥を総称して「三陸」と呼んだのは、明治二十九年（一八九六）六月十五日、岩手県沖でマグニチュード八・二五の大地震が発生、北海道から宮城県牡鹿《おしか》半島沿岸に大津波が来襲、死者二万一九五九名という大惨事を引き起こしたのがきっかけである。この津波の犠牲者は北海道の六名を除き青森・岩手・宮城の三県に集中していたので、それまで一般には余りなじみのなかった地域称ではあったが「三陸地震津波」の名称が採用された。

さらに昭和八年（一九三三）三月三日、やはり三陸沖を震源とするマグニチュード八・一の地震が発生、震害は少なかったが、このときも大津波が沿岸を襲い、死者・行方不明者計三〇六四を数えた。

戦後にも昭和三十五年（一九六〇）五月二十三日、地球の反対側に近い南米チリ沖で発生したマグニチュード（Mw）九・五の大地震によって日本列島各地に津波が到達、三陸海岸を中心に全国で死者・行方不明者計一四二名という犠牲者を出した。

こうした数々の惨禍の地域史を調査、総括して、吉村昭は昭和四十五年、『海の壁――三陸海岸大津波』を著した（中央公論社刊。のち『三陸海岸大津波』と改題、中公文庫・文春文庫で刊行）。

一方、地域称として知名度を得た「三陸」は昭和三十年九月三十日、岩手県気仙《けせん》郡の綾里《りょうり》村・越喜来《おきらい》村・吉浜《よしはま》村が三村合併した新村名（昭和四十二年四月一日、町制施行）に採用された。前記したように、この地域称（汎称＝広い地域をまとめて呼ぶ称）の由来からすれば、岩手県内の一地区が勝手に町村名とするのは明らかに〝僭称《せんしょう》〟（小なるものが大なる名を称する）にほかならないが、問題は一町村名というよりも、そのような無理な〝僭称〟を村名にせざるをえないような相次ぐ合併政策のほうにあった。

この「三陸」を〝僭称〟するという病理現象は、昭和五十四年三月に宮城県北東部の沿岸だけを範囲として設定された「南三陸金華山《きんかざん》国定公園」にも引き継がれ、昭和五十九年に旧・国鉄路線が第三セクター経営に最初に転換した「三陸鉄道」の名称ともなった。

同様の〝僭称〟例としては、平成十七年十月一日、宮城県本吉郡志津川《しづかわ》町・歌津《うたつ》町が合併した「南三陸町」もある。

イメージが先行した三陸海岸

国定公園名や町村名など、どうでもよいではないか――などというなかれ。こういう〝僭称〟現象を通じて、「三陸海岸は風光明媚なリアス式海岸であるとともに、津波が襲う海岸」というイメージが広く定着した。それぞれの規定自体は、決して間違いではない。

ところが、こういう漠然とした汎称が強いイメージとして定着すると、やがてある種の問題

（病理現象）も発生してくる。

比較的よく似た例を挙げよう。神奈川県南部、東は横須賀《よこすか》市から西は小田原《おだわら》市あたりにかけて「湘南《しょうなん》」という汎称が通用している。世間一般のイメージとしては、「相模《さがみ》湾に面した風光明媚な第一級のリゾート地・高級住宅地」という評価になるのだろう。

この「湘南」は、中国からの帰化人を祖先に持つ江戸時代の文人が、先祖の地への望郷の念から「相模国の南部」の雅称として使い始めたものであった。ここでいう「雅称」とは富士山を「富嶽《ふがく》」、箱根山を「函嶺《かんれい》」という類の文学用地名のことである。地名の由来としては、一個人の願望が起源という点で素性は必ずしも正しいとはいえない。

その示す範囲も、明治二十二年の町村大合併で津久井《つくい》郡の二村が合併して湘南村（現・相模原市緑区のうち）と称し、また横浜市と横須賀市浦賀を結ぶ鉄道（現・京浜急行電鉄線の一部）が「湘南電鉄」と称したように広漠としており、現在もその対象とされる地域は相模湾岸の「海岸リゾート地」に限定されず、ほとんど国名「相模」に等しい（拙著『こんな市名はもういらない！』東京堂出版、二〇〇三年を参照）。

もちろん、文人や文人気取りの連中が「湘南の住人・何某」などと使用する分には何の差し支えもないが、市町村名などの公認された名称には採用すべきではない、というのが、同書で私が主張したかった要点である。

そういう〝問題なきにしも非ず〟の名称を「湘南の一等地」などと不動産業者のキャッチコピー風に使えば、「やっぱり、湘南は日本一のリゾート地・高級住宅地なんだ」と思い込む人が多くなる。

誰がどこに住もうと勝手ではないか、という意見もあるだろう。だが、社会全体の利益（災害が起きたときの社会全体に及ぼす不利益）という観点からすれば、問題は〝個人の自由〟では片づけられない面が少なからずある。

大正十二年（一九二三）の関東大震災は、湘南沖の相模湾を震源とする関東地震（マグニチュード七・九）によって引き起こされた。東京市役所編『東京震災録』前輯（大正十五年）によれば、この震災の犠牲者は以下のようになる。

被災地全域での死者・行方不明者計一〇万四六一九名に対し、東京市（当時の一五区）は七万四九七名を数えて全体の三分の二を超え、当日の人口比で三・〇三パーセントが犠牲になった。その犠牲者の多くは焼死者で、本所《ほんじょ》区の陸軍被服廠《ひふくしょう》跡で起きた大火災旋風による犠牲者だけで約三万八〇〇〇名を数えた。

一方、横浜市の死者・行方不明者は計二万三三三五名で、当日人口比では実に五・二七パーセントに達し、東京市をはるかにしのぐ。

神奈川県下は震源に近いこともあって建造物の倒壊も多数発生し、多くの犠牲者を出した。

加えて一般にはほとんど知られていないが、横浜市はじめ神奈川県の東京湾岸から相模湾岸一帯にかけて津波が来襲し、その被害も甚大であった。ちなみに津波の高さは、隣接する静岡県熱海《あたみ》町（当時）の記録では一二メートルに達している。

相模湾を南北に延びる相模トラフ、その延長線上にある神奈川県西部の淘綾《ゆるぎ》丘陵西縁沿いに延びる国府津《こうづ》—松田《まつだ》—神縄《かんなわ》断層帯は大正関東大震災もそうだが、歴史時代にもたびたび大地震・津波を起こし、先史時代にも同様の大地震を発生させた痕跡がある。

交通の便とか、「文化程度の高さこそ価値があり、いつ起きるかわからぬ災害の危険度なんか問題ではない」と考える人、地価の高騰を期待する人には、無用の説教だろうが、行政も一般人も「ここはこういう要注意の地域なのだ」と知っておく必要があるだろう。

津波が襲うのは三陸沿岸だけではない

湘南の場合、「風光明媚」というキャッチフレーズによって地域が持つ本来の危険性がカムフラージュされた点に問題があった。片や三陸の場合、「リアス式海岸＝津波の危険性」は隠されていたわけではない。むしろ今回の大震災でも、被災地の住人を含め日本人の多くは、「やっぱり、そうだったか」という再確認を迫られた形であろう。それでも、津波の大きさは想定外だっただろうが……。

三陸の場合、地震・津波は当然、来るべくして来た。問題は「三陸＝リアス式海岸＝津波」が三位一体となって余りにも強く意識され過ぎた点にあった。

人間というものは勝手な生き物で、「三陸＝リアス式海岸＝津波」が強く意識されて固定観念になってしまうと、逆に「ここはリアス式海岸ではない。だから津波は来ない。来てもタカが知れている」と思い込む。

津波は、出入りの多いリアス式海岸だけを襲うのではない。V字型の入江の奥では津波の波高が増幅され、流速も増す。そんなことは、流体力学の知識がなくとも、幼児のころ小川の流れの両脇に小石を積んで川幅を狭くして遊んだ経験があれば、体験的にすぐ理解できる。

今回の大震災でも、V字型の湾奥の港町・漁港は軒並み大被害を受けた。被災地にはまことに気の毒であったが、それはそれで自然の摂理でもあった。

問題は、リアス式ではない福島県浜通りほか長汀《ちょうてい》海岸（直線状の長い波打ち際の海岸）にも想定外の大津波が押し寄せて来たことにあった。

原発は立地選定段階から津波を甘く見た

今回の大津波襲来地を総覧すると、宮城県仙台港から房総半島に至るまで、福島県松川浦などのいくつかのラグーン（潟湖《せきこ》。干潮時に干潟になる入江状の潮入り湖）を除き、海岸線はおおむね直線状の長汀が連続する。その入江ではない直線状の海岸にも、津波は容赦なく押し寄せてきた。

もちろん、直線海岸の津波の高さや破壊力は、リアス式海岸の入江の奥ほど大きくはない。しかし、津波である以上、家屋や工場やビルを飲み込むほどの波高があり、尋常ならざる破壊力を持っていた。

その破壊の対象となった典型が、福島県浜通りに立地した福島第一原発の地であった。

ところで、福島県双葉郡大熊町と双葉町の境に立地する東京電力福島第一原発が津波のために冷却用電源がダウンして、核燃料棒溶融から水素爆発という世界の原発の歴史でも未曾有とされる事故を引き起こしたのに対し、北北東に約一二〇キロ離れただけの宮城県牡鹿《おしか》郡女川町にある東北電力女川原発は無事だったのは、なぜか。

すでに詳しく報道されているように、女川原発も津波に襲われていた。それでも、辛うじて福島第一原発と同様の事態に立ち至らなかったのは、なぜか。中学生程度の探究心があれば、誰でもこの疑問に辿りつくはずである。

問題の二カ所の原発の仕様を確認して比較しておこう。

名称	運転開始	主契約社	想定負荷重力	想定津波高	設計高度	建設位置

福島第一①	昭和四六年	米国GE	六〇〇ガル	五・七m	一三m	標高一〇m
女川①	昭和五九年	東芝	五八〇ガル	九・一m	一四・八m	標高一四m

（註　①とは各原発の1号機のこと）

この二つの原発を比較すると、福島第一の1号機がアメリカ・GE社製であるのに、女川の1号機は日本の東芝製であること以外に、仕様に大きな違いはない。もちろん、福島第一の1号機の運転によって生じたさまざまな欠陥は、後から建設された女川では改良・改善されたであろうが、今回の大震災での被災の有無は設備の新旧には直接には関係しない。

津波の被害をどう想定し、設計段階からそれにどう対応しようとしたか、その違いが明暗を分けた、と考えるのが妥当だろう。

すなわち女川では九・一メートルと想定した津波の高さを福島第一ではわずか五・七メートルと低く見積もったのは、なぜなのか。

原子力開発関係者の面々には、「女川など三陸海岸では津波は異様に巨大化するが、福島県浜通りなどの長汀海岸ではそんなに大きくはならない」という誤った確信があった、としか考えられない。こうした態度は、津波というものの実態に目をつむり、自然の脅威を軽視あるいは無視したものというしかない。

原子力といえば最先端の科学であり、最新鋭の技術を総動員しなければ制御できない分野であるはずだった。ところが津波という最も恐るべき自然現象に対し、俗世間並みの誤解と無理解のまま対処しようとした――そこに今回の福島第一原発が破綻した最大の要因があると思われてならない。

地震学者も津波の本質を誤解していた

大震災と原発事故の処理もまだ着手の目途さえ立っていなかった三月下旬、NHKだったかのTV番組で、若手の地震学者が仙台平野南部（名取平野）に想定外の大津波が押し寄せてきた要因の一つとして、次のように解説していた。

「仙台湾を囲む牡鹿半島が反射壁となって、津波が平野部との間を何度も往復し、高さ・破壊力が増幅された」

そういう要素も、たしかにあったろう。しかし、この解説では仙台湾以南の福島県浜通りや、さらに南のいわき市から茨城県沿岸・千葉県九十九里浜を襲った津波の動きは説明できない。

私は、この番組を見ながら「原子力関係者だけでなく、地震学者までも〈津波とは入江の奥の津＝港に来る大波〉だという俗説・謬説《びゅうせつ》に囚われているのか」と愕然とさせられた。

同じころ、「産経新聞」（三月二十八日付）の「国語逍遥」欄に津波の語源に関する解説記事が載った。筆者は瀬湖口敏記者で、私は常々、この記者の解説記事に教わることも多かった。

だが、この「津波の語源」記事はいただけなかった。記事は津波の語源について諸説を挙げ、最後は国語学者・佐藤武義『日本語の語源』から「港に溢れる海水」説を紹介して締めくくっていた。

著者の佐藤武義は東北大学大学院を卒業し、日本大学文理学部教授などを歴任された学者だが、他の業績はともかく、この「津波」の語源説には肯けない。

私は地名の語源考察の著作を世に問い始めて、かれこれ三十年になる。その間、私の出身大学の国語学を専攻した先輩らから、「門外漢が国語の語源を語るなど不届き千万」といった類のお叱りを何度も受けた。

それでも私（とその仲間たち）の仕事に対して好意的に評価してくれた先輩も一、二おられたが、私は「国語学を専攻された先輩方は、地名の語源についてもしっかり仕事してくださいよ。私ら門外漢が出る幕がないようになることを祈っていますよ」と答えたものだった。

あえて揚言させていただければ、明治以降の近代日本の国語学は、語源について、とくに地名の語源については本格的には取り組まず、むしろ避けて通ってきたとすら思える。

その間に、地名の分野では明治二十四年（一八九一）、北海道庁から永田《ながた》方正《ほうせい》『北海道蝦夷《えぞ》語地名解』が刊行されて一大ブームを呼び、その第二版を入手した柳田国男が全国の地名をアイヌ語で解く風潮を定着させた。

柳田の初期の地名論考の多くは、きわめて非実証的に内地の地名にほとんど機械的に類音のアイヌ語をあてはめたものであった。しかし、有能な官僚でもあった柳田の論調に対し、多くの国語学者はほとんど批判することなく、むしろそのブームに便乗するかのような輩も多かった。

漢字「津」も和語「ツ」も「港」が原義ではない

津波の「津」は地名用語でもあるが、この語の語源的考察も江戸後期の本居宣長《もとおりのりなが》が寛政《かんせい》十年（一七九八）にまとめた『古事記伝』で対馬国をツ（津）シマ（島）で「韓国へ渡る港のある島」として以降、これが定説化されて、以後ろくに再検証された気配はない。

私の生地の大字は「阿津」といい、物心つくかつかないころから、「阿津とはアの字型の港」とか「安の津で安全な港のこと」とか、子供心にも怪しげな地名解釈を聞かされて育った。

私の父は高等小学校卒の無学な農民だったが、大正末年の宇垣《うがき》軍縮の時期の徴兵検査で丙種合格、即日予備役編入となったため、軍隊経験もなく都会生活も皆無だった。つまり、「余分な後知恵のない純粋素朴な地元民」ということから、地元・岡山市や東京から来た学者連の聴き取り対象者とされたらしい。

そこで父は、彼ら学者連の〝学術的〟、実は試行錯誤的講釈を聞かされ、それを受け売りしてしたり顔で私に教えてくれたものであろう。

私が労多くして功まことに少ない地名研究（とくにその語源研究）にここまで拘ったのは、幼いころ聞かされたいかにも怪しげな地名解釈に対する疑問と反発が、体の芯にまでしみ込んでいたからかもしれない。

話を「津」の語源に戻すと、和語の「ツ」にも漢字の「津」にも、その原義に「港」などの意はない。和語のツとしては、『万葉集』巻九－一七五九の長歌に、「右の歌は高橋連《むらじ》虫麻呂の歌集の中に出でたり」との後詞付きで次のように載る。

筑波嶺《つくばね》に登りて嬥歌《かがひ》会せし日に作れる歌一首幷《ならび》に短歌

鷲の住む　筑波の山の　裳羽服津《もはきつ》の　その津の上に　率《あとも》ひて　未通女《をとめ》壮士《をとこ》の　往き集ひ　かがふ嬥歌《かがひ》に　他妻《ひとづま》に　吾も交らむ　わが妻に　他《ひと》も言問《こととへ》へ　この山を　領《うしは》く神の　昔より　禁《いさ》めぬ行事《わざ》ぞ　今日のみは　めぐしもな見そ　言も咎《とが》むな

嬥歌の集いで乱交が行われていたという、古代日本人の性慣行の特徴的一面を詠んだ有名な歌だが、この嬥歌が話題にされることがあっても、「裳羽服津」の「津」とは何かが問題にされることは少なかった。

この歌の「津」は、筑波山中が舞台だから「港」であるわけがない。『日本国語大辞典』（小学館）の「つ【津】」の項目には、「①海岸・河口・川の渡し場などの船舶の停泊するところ。船つき場。港。②泉など、水の湧き出るところ。③港をひかえて人の集まる土地。港町」とある。

次項の「つ【唾】」には、「つばき。つば。唾液。」と記されている。それぞれの項目には語源説がいくつか掲げられているが、いずれももう一つ釈然としない。

私は、和語の二つのツ（津と唾）は語源的には同語だと思う。共通する要素は「連《つら》なる。繋《つな》がる」で、渡し場・港も「ある場所とある場所を繋げる地」であり、泉も唾もともに「途切れることなく次から次に連綿と出てくる液体」のことである。

漢字の「津」のほうにも、和語とよく似た語義がある。藤堂明保『学研　漢和大辞典』によれば、「津」の字源は「サンズイに手で筆を持った様子」を表す旁《つくり》（漢字の右側の部分）を組み合わせた会意形声《かいいけいせい》文字で、「しずくが連綿と滴《したた》る様子」を表わすという。この漢字には「水のうるおす処」から「浅瀬の舟着き場。渡し場」の意味もあるが、原義ではなく、「水の（絶えず）うるおす処」から転じた派生義であろう。

また熟語で「口津《こうしん》」とは和語の「唾」と同義であり、四字熟語の「興味津々《しんしん》」の「津々」とは「あとからあとから（興味が）湧いてくる様子」をいう、とある。つまり漢字にも「次々と連なる」意が含まれている。

だから私は、「津波」とは「入江の奥の港に来る大波」ではなく、「波長が長く連なる大波」と考えるのである。

語源談義を、好き好んでしたいわけではない。TVに映し出された実際の津波の映像を思い起こしていただきたい。

私がTVで目にした津波の最初は、昭和五十八年（一九八三）五月二十六日の日本海中部地震（マグニチュード七・七）だったと記憶する。この地震では秋田県・青森県で計一〇四名の犠牲者が出たが、うち一〇〇名は津波による死者だった。

その津波で何よりも気の毒で、悲哀を誘ったのは、秋田県男鹿《おが》半島西岸の加茂青砂《かもあおさ》海岸で内陸の北秋田郡合川《あいかわ》町（現・北秋田市）から遠足に来ていた小学生一三名が津波に攫《さら》われ犠牲となった事件だった。

この場所は北側に張り出した崖からおよそ三〇〇メートルほど湾曲して入り込んだ入江の奥だが、湾口に相当する直線は一キロ以上あり、奥行きはその三分の一にも満たないから、厳密には「湾内」ではない。

当時、私もまだ「津波＝入江の奥に来襲する大波」という固定観念に囚われていたから、

「こんな場所にも津波は来るのか」と不審感を抱かされたものだった。

この日本海中部地震の津波は、今回の東北地方東海岸一帯を襲った恐怖に満ちたどす黒く渦巻く波ではなく、沖に帯のような白波が現れたと思ったら、あっという間に海岸に押し寄せ、すぐに引いていった。その引き波に浜辺で遊んでいた小学生たちが、巻き込まれたのであった。

この日本海中部地震の発生した時刻は正午の一分前で、TVは残酷にも白く美しい波が子供らを飲み込んでゆく様子を克明に捉えていた。この時の私の印象は、「津波というものは、沖に見えたと思ったらすぐに襲ってきて、犠牲者を巻き込むと、あっという間に引き去ってゆく」というものだった。

その次の平成五年（一九九三）七月十二日に起きた北海道南西沖地震（マグニチュード七・八）は、震源に近い奥尻島《おくしり》が大津波に襲われ、島の南端の青苗港《あおなえ》が西岸から回り込んできた高さ一〇メートルを超す津波と、その直後に発生した大火災で壊滅的打撃を受けた。

このときは午後十時過ぎのことで、津波の映像は定かではなかったが、燃え盛る火災の映像とその実況を報道するNHKの女性アナウンサー（別の取材目的でたまたま現地に宿泊していたという）の緊迫した声で、身震いするような恐怖感を覚えた。

この奥尻島青苗港は、港であっても入江や湾の奥ではなく、むしろ逆に島の南端に突き出た岬状の地であった。このときから、「津波は入江・湾の奥に来襲する」という通説に、私ははっきり疑念を抱いた。

次の恐ろしい津波の映像は、平成十六年（二〇〇四）十二月二十六日のインドネシア・スマトラ島沖の大地震・津波（マグニチュード〈Mw〉九・〇）だった。この大地震・津波は、はるかインド洋を隔てたスリランカを含め近隣諸国にも大被害を及ぼし、津波の犠牲者を中心に死者二八万人を超したという。

この時の映像は、今回の東北地方東海岸とそっくりで、津波の恐ろしさをリアルに実感できた。ただし、震源に近いインドネシア・アチェ州の州都バンダ・アチェにも津波が襲いかかったが、この街も入江や湾の奥にあるわけではない。遠く離れたスリランカ東海岸も、日本の三陸海岸のように入江や湾が連続するリアス式海岸ではない。

なぜ「浪江」は改名されたのか

福島第一原発は、双葉郡大熊町と双葉町の境に立地している。その双葉町を挟んだ北側に同郡浪江《なみえ》町がある。原発の敷地から約七キロ地点が浪江町の中心部の権現堂《ごんげんどう》地区で、JR常磐線浪江駅を中心にちょっとした小市街地をなしている。

この権現堂地区は元禄《げんろく》十年（一六九七）、当時の北標葉《しめは》郡の陣屋が置かれた地で、奥州浜街道の高野《こうや》宿を兼ねていた。この高野宿は江戸後期の寛政年間（一七八九〜一八〇一）、もしくは安政《あんせい》年間（一八五四～六〇）にたびたび火災が起き、水に縁のある用語の「浪江宿」に改称された、という（安政四年～明治四年編の斎藤完隆『奥相志《おうぞうし》』ほかによる）。

以後、明治二十二年の町村大合併で権現堂村ほか四カ村が合併したとき、この宿場名の「浪江」を新村名とし、明治三十三年に町制施行、戦後の昭和二十八年に周辺二村、同三十一年に三村を合併、今日に至っている。

火災が多発するのを嫌って宿場名を「浪江」に変えたというのは、実はにわかには納得しがたい話である。日本の社会では、こういう場合、「火伏せ」の神として知られた山城《やましろ》国の愛宕《あたご》社かもしくは遠江《とおとうみ》国の秋葉《あきば》社のいずれかを勧請《かんじょう》し、その社名を採って「愛宕」なり「秋葉」なりに改称するのが普通である。

津波が作った地形を地名が証明する

なぜ火伏せと直接繋がらない「浪江」などという用語が、突如として出てくるのか。ありうる可能性としては、人々の古い記憶の片隅に「この地は古く浪江と呼ばれていた」という伝承があった、としか考えられない。

その「浪江」の地名伝承は、後述する仙台湾岸を襲った慶長《けいちょう》十六年（一六一一）十月二十五日（旧暦）の津波によるものだったのか、あるいははるか平安前期の貞観十一年の大津波まで遡《さかのぼ》るのかもしれない。

この権現堂付近は海岸から約四キロ内陸にあり、標高一一〜一二メートルの盆地状の平坦な平野が広がる。権現堂地区の南隣には「牛渡《うしわた》」・「樋渡《ひわたし》」など一面に広がった水面の中の浅瀬・渡渉《としょう》点を窺わせるような集落名（大字）も点在する。

海岸線から四キロ地点まで津波が押し寄せたかどうか、今回の地震・津波の発生以前だったら、私はとても断言しかねただろう。

しかし、今回の津波は、至る所で内陸四、五キロ地点どころか、さらに奥深くにまで達している。浪江町の中心市街地は標高一一〜一二メートルだが、今回、三陸沿岸のリアス式海岸では標高三〇メートルを超す地にまで津波が押し寄せている。

地形と地名から指摘できる根拠が、もう一つある。

浪江町西部の津島《つしま》地区は阿武隈《あぶくま》山地の中の山村だが、ここから流れ出る請戸《うけど》川は権現堂の小盆地を過ぎて高瀬《たかせ》川を合わせ、一段低い（標高四〜七メートル）一面の水田地帯を流れている（次ページ地図参照）。

請戸川の河口の北に棚塩《たなしお》地区、南に請戸地区が、海岸線沿いに南北に長く伸びた小砂丘の上に載る。「棚塩」とは棚状に二段になった下のほうの潮入りの湖水を呼んだ地名ではないか。「請戸」とは湖水を自然堤防が「受けとめる地」のことではないか。

双葉郡双葉町・浪江町付近

5万分1「浪江」・「磐城富岡」（X0.7）　国土地理院「浸水範囲概況図」⑮より

地形と地名の双方から見て、この浪江町一帯はかつて津波が作った潮入りの湖沼の跡だった、と私は確信している。

福島第二原発の立地する大熊町波倉は津波痕跡地名だ

今回は辛うじて損壊は免れたが、福島第二原発もかなり危ない地域に建てられているようだ。第一原発と第二原発は、直線距離にして約一二キロしか離れていない。地形・地質・土壌などの自然条件もほとんど同じだから、第一原発で起きた悲劇が第二原発で起きても何も不思議はない。

いや、地名から推測すると、第二は第一よりもっと危険な場所に立地している、と言っても過言ではない。なぜなら、福島第二原発は双葉郡楢葉《ならは》町と同郡富岡《とみおか》町にまたがって立地しているが、楢葉町側の地籍は大字「波倉」に属す。この「波倉」は、地名研究者から見れば相当に危険な地名なのである。

神奈川県鎌倉市など「倉」や「蔵」の字を使った地名は何やら裕福な倉庫を連想させ、リッチでこの上なくめでたく思えるかもしれない。ところが「倉」や「蔵」は動詞クル（刳）が名詞化した語で、「地面が抉られたような地形」に使われたケースがほとんどである。

日本語では、動詞の連用形が名詞化するのが通則だが、古い地名用語の場合、ナラ・ハラ・

ムラ・ヒラ・アラ・ツラ・ユラ・ヘラなど語尾が「〜ラ」となる例がきわめて多い（池田末則『地名伝承学』日本地名学研究所、平成十四年）。あるいは古い時代に、「（天然自然の力によって）クラ（剞）れた地」という意識があり、その他動詞の受身形の語幹が名詞化したのかもしれない。

もっとも岡山県倉敷市など、「倉庫」に関連する例も皆無ではないが、その倉敷市についても「江戸時代に備中《びっちゅう》米などの集散地として蔵屋敷が置かれたことに由来する」（小学館『日本地名大百科』）などという時代錯誤の謬論がまかり通っている。

この「倉敷」という地名は永禄《えいろく》九年（一五六六）の備中国北部（現・岡山県新見《にいみ》市付近）の最勝光院《さいしょうこういん》領新見庄関連の文書に「くらしきより塩飽《しわく》まで百五十文」云々の記録があるから、すでに戦国期から存在した地名ということになる。それを江戸時代の蔵屋敷に由来と説明しているのである。

戦国期に発生した地名であるなら、「中世、荘園から年貢物を本所や領家に輸送するときに、中継地として一時的に収納する土地、またその場所」（『日本国語大辞典』）と解説しなければ失格である。まして、地形語のクラ（剞）を倉庫や蔵屋敷に由来と書くなどは論外というしかない。

話を元に戻すが、楢葉町波倉の地名は、文字通り「波が抉った地」のことである。そのもの

福島第二原発付近

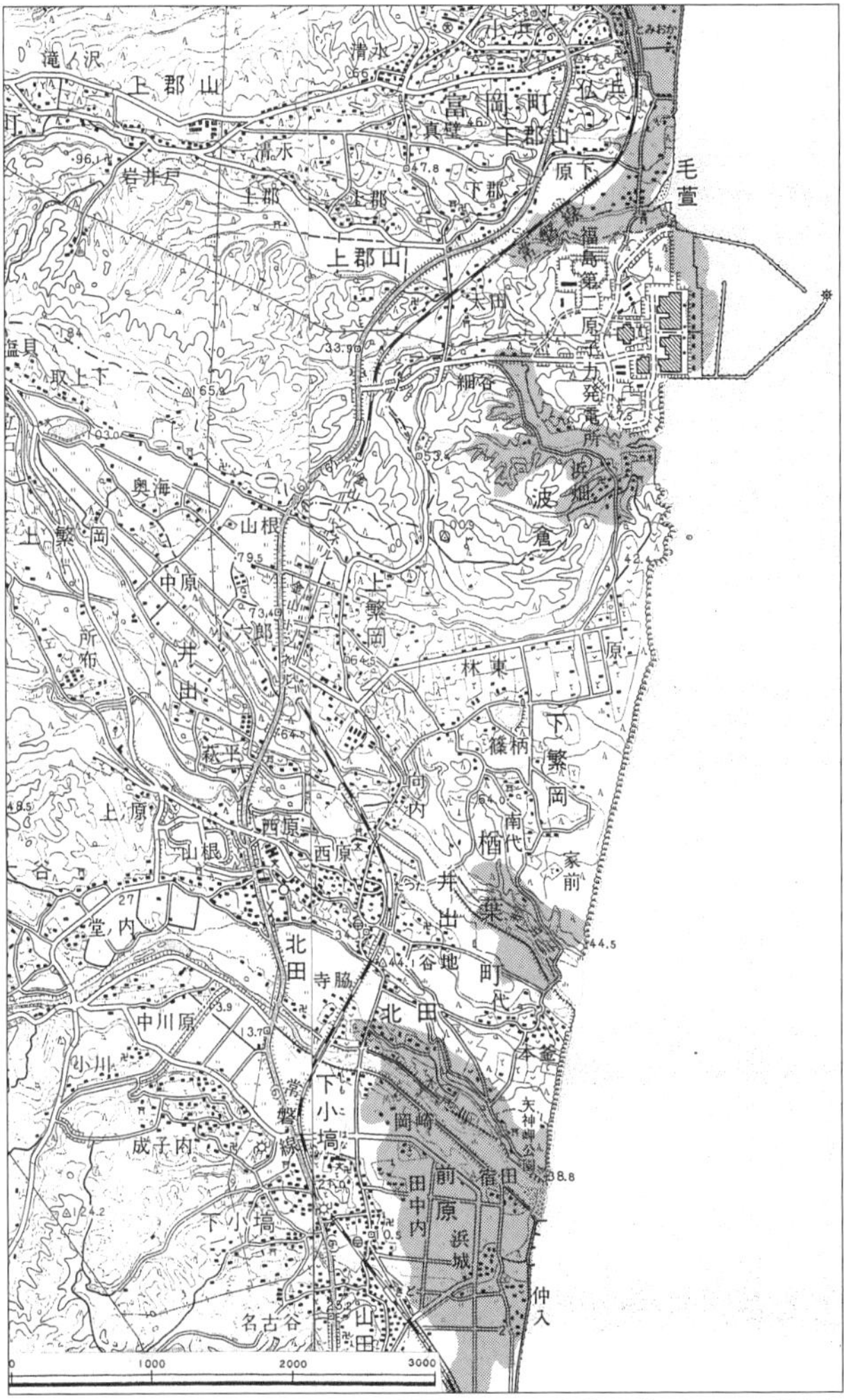

5万分1「川前」・「井出」(XO.7)　国土地理院「浸水範囲概況図」⑯より

ズバリ、津波の痕跡を示す地名であって、それ以外の由来は考えられない。そんな「波倉」の地に、原子力発電所を作ろうなどとは、まったくとんでもないことだったのである。

原発立地地点を選定する段階で、誰かその点を指摘する人はいなかったのかと、いまさらながら悔やまれる。かりに私にその是非を尋ねられたら（そんなことはありえないが）、私は即座に「日本列島でも最も危険な場所です」と答えるだろう。地名研究者としては、それ以外に回答はしようがないのである。

地形図で見ても、富岡町境の標高四三メートルほどの台地状の丘の南、南北七〇〇メートル程度の幅の穴倉状の低地のすぐ南、やや海寄りの穴倉状の低地を挟んでその南側には頬骨のように突き出た標高四〇～五〇メートル級の丘陵地帯が続く。

しかも、その海岸線はおよそ二〇メートルに達するであろう崖に縁どられ、先の七〇〇メートルほど突き出た台地の縁は強い津波がぶつかって抉られたらしい凹凸ができている。こういう地形は、あと何万年かすれば三陸海岸と同様の出入りの激しいリアス式海岸になってゆくはずである。

なお、ついでに指摘しておくと、神奈川県鎌倉の地名も、倉庫にも蔵屋敷にも全く関係ない。この鎌倉の地も、大正十二年九月一日の関東大震災級の津波に何度も襲われ続けて作られた釜状の穴倉である。

相模湾は地震の巣

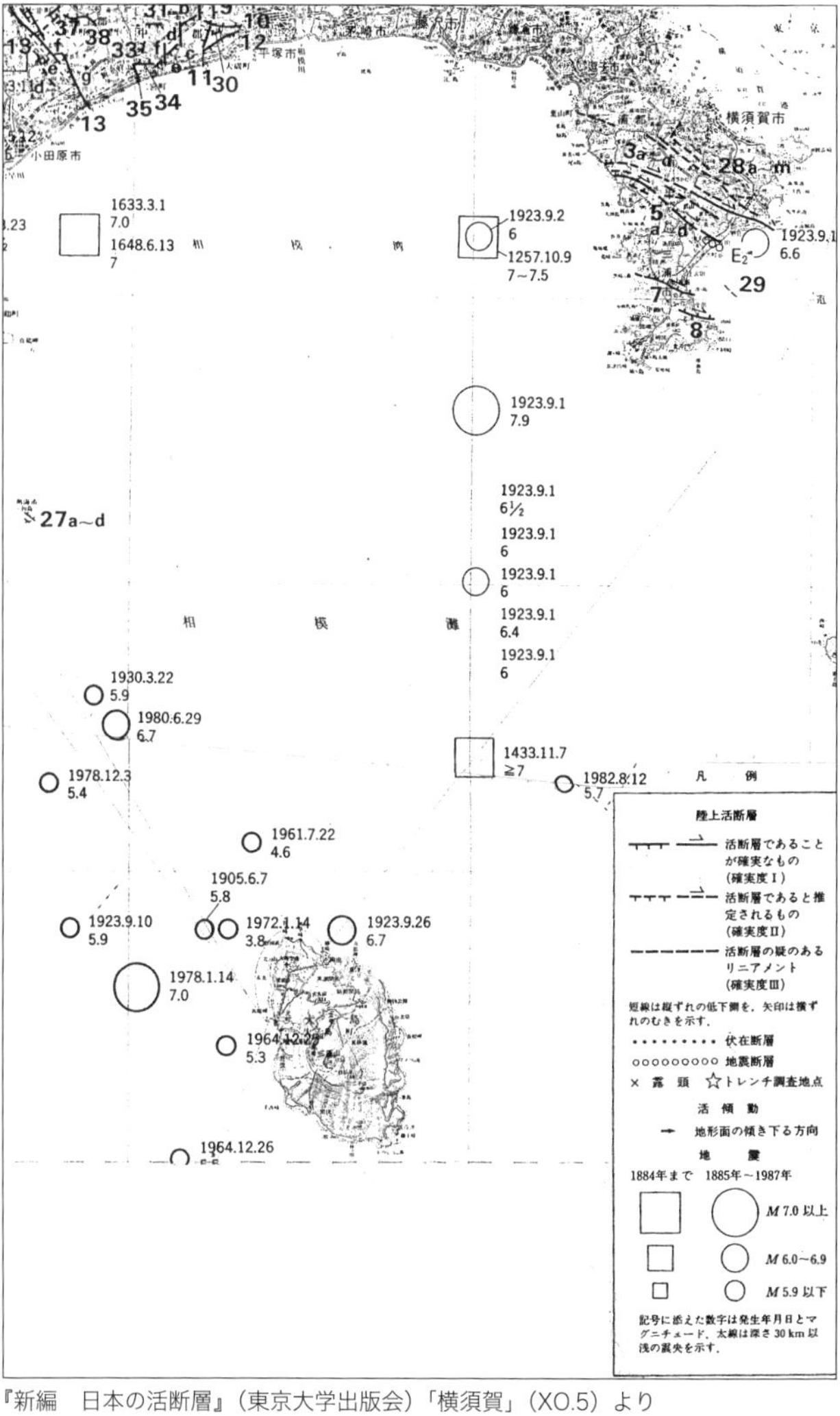

平塚市
小田原市
横須賀市
1633.3.1
7.0
1648.6.13
7
1923.9.2
6
1257.10.9
7~7.5
1923.9.1
6.6
1923.9.1
7.9
1923.9.1
6½
1923.9.1
6
1923.9.1
6
1923.9.1
6.4
1923.9.1
6
1930.3.22
5.9
1980.6.29
6.7
1433.11.7
≧7
1978.12.3
5.4
1982.8.12
5.7
1961.7.22
4.6
1905.6.7
5.8
1923.9.10
5.9
1972.1.14
3.8
1923.9.26
6.7
1978.1.14
7.0
1964.12.22
5.3
1964.12.26
相模灘
凡例
陸上活断層
活断層であることが確実なもの（確実度Ⅰ）
活断層であると推定されるもの（確実度Ⅱ）
活断層の疑のあるリニアメント（確実度Ⅲ）
短線は縦ずれの低下側を、矢印は横ずれのむきを示す。
伏在断層
地震断層
× 露頭 ☆トレンチ調査地点
活傾動
地形面の傾き下る方向
地震
1884年まで 1885年～1987年
M 7.0 以上
M 6.0～6.9
M 5.9 以下
記号に添えた数字は発生年月日とマグニチュード，太線は深さ30km以浅の震央を示す。

『新編　日本の活断層』（東京大学出版会）「横須賀」（X0.5）より

ここで鎌倉時代、幕府が置かれたこの地の地震・津波に襲われた記録を見ておこう。今、記録が確かな一三世紀の百年間に鎌倉を襲った地震・津波は以下のように七回にものぼる（『理科年表』平成二十二年版による。但し、和年号は改元月日に合わせた。以下同）。

・建暦《けんりやく》三年（一二一三）旧暦五月二十一日　山崩れ、地裂け、舎屋が破潰した。
・嘉禄《かろく》三年（一二二七）旧暦三月七日　地裂け、所々の門扉・築垣が転倒した。
・寛喜《かんぎ》二年（一二三〇）旧暦閏一月二十二日　大慈寺の後山が頽れた。
・延応《えんのう》二年（一二四〇）旧暦二月二十二日　鶴岡神宮寺、風なくして倒れ、北山が崩れた。
・仁治《にんじ》二年（一二四一）旧暦四月三日　津波を伴い、由比ケ浜大鳥居内拝殿流出。岸にあった船一〇艘が破損した。
・正嘉《しょうか》元年（一二五七）旧暦八月二十三日　鎌倉の社寺完きものなく、山崩れ、家屋転倒し、築地ことごとく破損、地割れを生じ、水が湧き出てきた。余震多数。
・正応《しょうおう》六年（一二九三）旧暦四月十三日　鎌倉強震、建長寺ほとんど炎上のほか、諸寺に被害。死数千あるいは二万三千余。余震が多かった。

鎌倉は、一三世紀のたった百年間で、これだけの地震・津波に襲われている。そのつど、幕府は諸国から年貢を緊急に徴収して修復に努めただろうが、年貢を供出する全国の百姓も、それを徴収する地頭らの負担も並大抵のものではなかったはずである。

なお、鎌倉市長谷《はせ》に鎮座する「鎌倉大仏」は、初めは木造仏として高徳院《こうとくいん》境内に寛元《かんげん》元年（一二四三）に建立されたが、のち大風のため破損し、建長《けんちょう》四年（一二五二）から金銅仏として改鋳され、大仏殿も造営された。

ところが室町時代の明応《めいおう》七年（一四九八）旧暦八月二十五日の大地震（東海地震と東南海地震が連動したマグニチュード八・二〜八・四クラスの巨大地震といわれる）で大仏殿が倒壊し津波で流されてしまい、以後、大仏は露坐のまま今日に至っている。

あえていえば、鎌倉がもう少し安全な場所だったら、いや源頼朝が別の地に幕府を開いていたら、前期武家政権の時代はもう少し永続していたかもしれない。

Ⅰ章 地名が教えていた東日本大津波

1 「名取」は津波痕跡地名だった

ついに来た！ 宮城県沖大地震

平成二十三年（二〇一一）三月十一日午後二時四十六分過ぎ、私はパソコンに向かっていつもの執筆作業に取り掛かっていた。そのとき、それまで経験したことのないような大きな揺れに襲われた。とっさに手近な本棚を手で支えたが、幸い本棚は倒れることはなく、並べた本も一冊も飛び出ることはなかった。ただ、本棚の上に横にして置いていた書類の類が、幾組もバラバラと散乱した。

後刻、確認するとこのときの埼玉県上尾《あげお》市の震度は「五弱」と発表されていたが、私の住むUR西上尾第一団地は震度計のある市役所の西約四キロ、大宮台地上の市内では最高所に位置し、地盤も強固だから、たぶん私が実感した震度はそれより弱かったはずである。ただ関東に住み始めて半世紀近く、それまでのどの地震より大きな地震だ、とは直感した。

そのとき、我が家のTVはどの局だったか、横浜市中心部のビルの壁面が剝がれ落ちる映像を映し出していた。別の取材目的で現場にいたTVクルーが強い揺れを感じ、とっさに空中に向けたTVカメラが剝がれて崩れ落ちる壁面を写すことになったらしい。

震源がどこか、心配だった。横揺れが長かったことから東京直下型ではないと思ったが、予想されていた巨大な東海地震ではないか、と恐れた。だがやがて、TVの画面には「震源は宮城県沖」と出たので、とりあえずはほっとした。

TVの画面には、東北各地のTV局報道部の部屋の地震発生当時の激動する様子が映されていた。同時に、東北沿岸だけでなく日本列島の太平洋岸一帯の広い範囲に「津波警報」が出されたことが繰り返し流された。どうやら、このとてつもない規模の大地震は、「三〇年以内にマグニチュード七・五クラスの規模、発生の確率七五パーセント」と予測されていた「宮城県沖地震」が実際に起きたもの、と推測された。

陸地を飲み込んでゆく恐怖の泥水

この分では、震源に近い東北地方では相当大きな被害が出ているに違いない、と思われた。ところが、TVの画面には具体的な被害状況を示す被災地の映像は、なかなか映し出されなかった。地震発生から三十分以上も過ぎて、仙台空港から実況中継の映像が入った。広い滑走路一面に泥水が押し寄せてきている。空港の管制官か、常駐していた海上保安庁の職員かが、

「すべて駄目です。もう全部、駄目になりました！」

と、絶叫する音声が聞こえてきた。TVの画面には、空港の滑走路だったかと思われる空間

を、乗用車やセスナ機や各種の機材が泥水に浮かんで、スローモーション画像のようにゆっくりと動いていく様子が映っていた。

空港の樹木にしがみついている人影が何人も見えた。彼らに手を差し伸べて、屋根に引き上げようとしている人の姿もあった。どういう経緯でTV局に流されたのか、空港の管制室と上空を飛ぶ海上保安庁の哨戒機との交信する音声が流れてきた。

「ここ（仙台空港）はもう全部、駄目です。滑走路にはいろんな物が溢れて、車も飛行機も流されていきます！……」との地上からの切羽詰まった感の報告に、哨戒機からは、「一面に泥水が押し寄せて来ています。名取川河口の閖上《ゆりあげ》港も壊滅状態のようです」と返答している。悪夢のような光景だった。やがて、哨戒機が撮影している最中と見られる空港周辺の画像が映し出された。

土砂を巻き込んだどす黒い津波の先端が、地表をゆっくりと、しかし何ものにも邪魔されることなく毅然とした速度で、畑のビニールハウスや野菜苗育成用のビニールトンネルを飲み込んで、奥へ奥へと進んでゆく。

津波の圧倒的な流れは、畦道や農道の高みに突き当たると、一センチでも低い地を求めて、のた打ち回るように渦巻くように方向を変えた。南米・アマゾン河に棲むアナコンダの巨体が河原の小動物を追って身をくねらせているような光景だった。

津波の痕跡を伝える河川名があった

この甚大な損壊をこうむった仙台空港は宮城県名取市・岩沼《いわぬま》市境にまたがる地にあり、戦前の陸軍飛行場が昭和三十七年に仙台空港となったところである。TVニュースの「名取」と「閖上」という地名を耳にして、私はすぐに「あること」を再確認していた。

それは、「名取」とはナ（古語で「土地・地盤」のこと）トリ（取）で「（洪水・津波などで）土地が削り取られた地」のことだという、たぶん私が初めて唱えた説のことである。

平成二十年八月、私は㈳日本河川協会主催の連続講演会「河川文化を語る会」シリーズの一環として依頼された講演で、「河川名の起源・由来を分類する」と題して話したことがあった。

日本の河川名は河川法の適用を受ける一級河川（国土交通省が管理）・二級河川（都道府県が管理）・準用《じゅんよう》河川（市町村が管理）のほかに河川法適用外の普通河川に四分されるが、それぞれの本流名のほかに多くの支流名があり、うち『河川大事典』（日外アソシエーツ、一九九一年）には約二万六〇〇〇の河川名が収載されている。

もちろん一回二時間の講演で本・支流名のすべてに触れることなど不可能だから、国管理の一級河川の水系名だけを解説することにした。一級河川の水系の数は全国で一〇九、うち北海道を流れる一三水系の名称はすべてアイヌ語起源なので、それらを除いた九六の水系名について解説した。

アイヌ語地名については、明治期以来、永田方正著『北海道蝦夷語地名解』（明治二十四年、北海道庁刊）と、同書第二版（明治四十一年）に併載されたジョン・バチェラー（イギリス聖公会宣教師。明治十年〈一八七七〉来日、昭和十五年〈一九四〇〉離日）の日本各地の地名をアイヌ語で解く地名解が広く引用されてきた。

戦後、アイヌ民族出身で金田一京助《きんだいちきょうすけ》門下の北海道大学・知里真志保《ちりましほ》教授が永田らの説を鋭く批判、北海道内の研究者多数によって実証的・論理的な研究・考証が積み重ねられてきている。そうした実証的な研究成果を援用すれば、巷間に流布している旧説よりははるかにマシな論理を提示できる自信はあった。だが私自身、アイヌ語地名は研究対象としていないし、懇切丁寧に旧説を批判・訂正するだけで、講演時間のかなりの部分を費やしてしまいかねない。

名取とは「津波が地面を削り取った地」

そこで河川協会の講演では、本州以南の九六水系の名称について解説することにした。青森県の岩木川《いわき》から始めて、五本目に宮城県の名取川を取り上げた。当日、聴講者に配ったレジュメには、以下のように記した。

名取川（なとりがわ）流域の古代郡名「陸奥国名取郡」の名による。ナは「土地」をいう古語で、ナ（土地）トリ（取）とは洪水・津波などによる土地の欠損・崩壊を示す地名か。（『河川文化を語る会講演集〈その29〉』㈳日本河川協会、二〇〇九年七月発行）。

この後に続く「阿武隈川」と「米代川《よねしろ》」の項目でかなり詳しい考察を加えたので、この「名取川」については、講演ではレジュメを読み上げるだけですませた。あとで気づいたのだが、後述するように『枕草子《まくらのそうし》』の「河は」の項目に記載があることを指摘すべきだったろう。

さらに、このとき『理科年表』を参照しておれば、「六国史《りっこくし》」最終編の『日本三代実録《さんだいじつろく》』に平安前期の貞観十一年（八六九）旧暦五月二十六日、陸奥国多賀城《たがじょう》ほかを大津波・地震（貞観地震）が襲った記録があることに気づいていたはずであった。

多賀城跡と名取川河口は南北に約一二キロしか離れておらず、多賀城を襲った津波は当然ながら名取川河口の閖上から川沿いに流域を遡り、今回の東日本大震災と同様、沿岸・流域一帯に大きな被害を及ぼしたものと思われる。

『枕草子』が問う「いかなる名を取りたるならん？」

清少納言《せいしょうなごん》の『枕草子』は、日本人なら誰でも教わっている平安中期の女流随筆の代表作である。現在まで諸本が伝わっているが、原型に最も近いとされる「三巻本」の系統では二九六項目中の第五七に「河は」の項目があり、飛鳥《あすか》川・大井《おおい》川・音無《おとなし》川・七瀬《ななせ》川・耳敏《みみと》川・玉星《たまほし》川・細谷《ほそたに》川・いつぬき川・沢田《さわだ》川に続いて名取川を挙げ、「いかなる名を取りたるならんと聞かまほし」と記す。「名取とは何の名を取った川の名か、聞いてみたい」というのである。

この河川名は平安前期の延喜《えんぎ》五年（九〇五）成立という『古今《こきん》和歌集』にも詠まれており、後世、歌枕《うたまくら》名所となった。一方、郡・郷名としては、承平《じょうへい》年間（九三一〜三八）に編纂された『和名類聚抄《わみょうるいじゅうしょう》』（略称『和名抄《わみょうしょう》』）国郡郷部に「陸奥国名取郡名取郷」の名が載っている。この間の経過をまとめると、以下のようになる。

・八六九年（貞観十一）　多賀城ほか陸奥東海岸に大地震・津波の記録（『日本三代実録』）
・九〇五年（延喜五）　勅撰《ちょくせん》和歌集『古今和歌集』成立。「名取川」が詠まれる
・九三一〜三八年（承平年間）『和名抄』成立（陸奥国名取郡名取郷の名があり）
・一〇〇一年（長保《ちょうほう》三）ごろ　清少納言『枕草子』成立

この年表からすると、八六九年の貞観大地震・津波のあと、その事実に基づいて地名が成立し、『古今集』に詠まれ、陸奥国に「名取郡」が設置され、やがてその名が『枕草子』に記載された……という経緯であるかのように見える。

だが実際は、もっと古くから「名取」の地名は存在していた。

まず、『日本書紀』に続く二巻目の正史である『続日本紀《しょくにほんぎ》』の神護景雲《じんごけいうん》三年（七六九）には「名取郡人・吉弥侯部老人《きみこべのおきな》らが名取朝臣《あそん》の姓を賜る」云々の記事があるから、すでに奈良時代後期には陸奥国名取郡は存在していたことになる。

同じ『続日本紀』和銅《わどう》六年（七一三）に「陸奥国丹取《にとり》郡を建郡」という記事が見えるが、この「丹取」は「名取」の誤記とする見解がある一方で、のちの玉造《たまつくり》郡（現・宮城県大崎《おおさき》市北西部）一帯にこのとき「丹取郡」が新設されたのだ、との見解も根強い。

しかし私は、「丹取」という表記は「名取」の別字表記だと考える。なぜなら、和語のニは「赤土・辰砂《しんしゃ》」の意とともにナと同じく「土地・土」の意味もあり、同語源かどうかはともかく容易に交替しうる、と判断するからだ。

地名「丹生《にう》」は、越前《えちぜん》国丹生郡など古代郡・郷名に多数ある。そのうちいくつかは朱色をした辰砂（水銀の硫化物）の産地で、水銀を生産した痕跡も認められるが、全部がそうではない。むしろ赤土が露出していて、「辰砂・水銀が採取できるかもしれない」という一種の期待・願望から命名されたものも多いようである。

さらに突き詰めると、和語のニに「土地・土」の普遍的な意味がある以上、本来は同じ行《ぎょう》のナと同語だったのが、とくに「赤土、ひいては辰砂の産出地（または産出が期待できる地）」に限定されてニという語が使われたのかもしれない、と考えるからである。

つまり、ニとナが本来同語であった以上、陸奥国名取郡は大化の改新後に制定された国郡制当初から存在し、それが人によって時に「丹取郡」と表記されることもあった、と見るべきだろう。

津波が来るのは数百年置きか、百年ごとか

今回の東日本大震災で、西暦八六九年の貞観大地震・大津波が注目されたが、私はこの仙台平野南部（北部の大崎平野、東部の石巻平野に対し名取平野という部分称がある）には少なくとも数百年置きに内陸数キロまで押し寄せる規模の大津波があった、と考えている。

大震災から半年後の平成二十三年九月、「NHK特集」だったかで、集落の周囲に巡らせた屋敷林のイグネで知られる仙台市若林《わかばやし》区の長喜城《ちょうきじょう》地区を取り上げていた。今回の大津波は、長喜城集落の手前の用水路まで押し寄せたが、集落には達しなかった。

この点について、地元住民の一人は、「ここらでは、津波は百年に一度は来る、と言い伝えられていますと語っていたのが耳に残った。

地震学者がどう言おうと、地元民は「百年に一度」の津波来襲に備えていた。集落を囲むイグネ林は、毎年冬季の北西季節風に対する防風林であるとともに、百年に一度襲って来る津波に備える命の砦であり、被害が発生したときはすぐに家屋ほかの修復に利用できる資材の備蓄

庫でもあった。

この長喜城地区のすぐ南西に隣接して、同じ若林区の霞目《かすみのめ》地区がある。名取川の河口から約六キロ地点で左岸から支流・広瀬《ひろせ》川が合流するが、その合流点の北東約三キロ地点に当たる。江戸中期の名横綱・谷風梶之助《たにかぜかじのすけ》の生地として知られるこの地には浪分《なみわけ》神社という名の祠《ほこら》があり、江戸前期の慶長十六年（一六一一）の大津波がここで二手に分かれてさらに内陸にさかのぼっていった、と伝承されている。

つまり、この仙台平野南部は百年、あるいは少なくとも四、五百年に一度の頻度で、かなり内陸まで津波が来襲する地だと見てよい。平安前期の貞観十一年の五百年前といえば、四世紀の半ばということになるが、同時期にこの近辺では重要な遺跡が残されている。

まず、名取市植松の西部、平野を見下ろす標高約四五メートルの丘陵の上に雷神山《らいじんやま》古墳（国指定史跡）がある。全長一六八メートル、東北地方最大規模の前方後円墳で、古墳時代前〜中期の築造というからほぼ四世紀ごろと考えられる。

また先に述べた若林区霞目地区の西隣、間に陸上自衛隊霞目飛行場を挟んだ同区遠見塚《とおみづか》地区には地名の元となった遠見塚古墳がある。こちらは全長一一〇メートルで、雷神山古墳に次いで県下第二位、東北全体でも第三位の規模を誇る巨大前方後円墳である（同じく国指定史跡）。

この遠見塚古墳も、雷神山古墳と同じく四世紀ごろの築造である。

仙台市若林区霞目付近

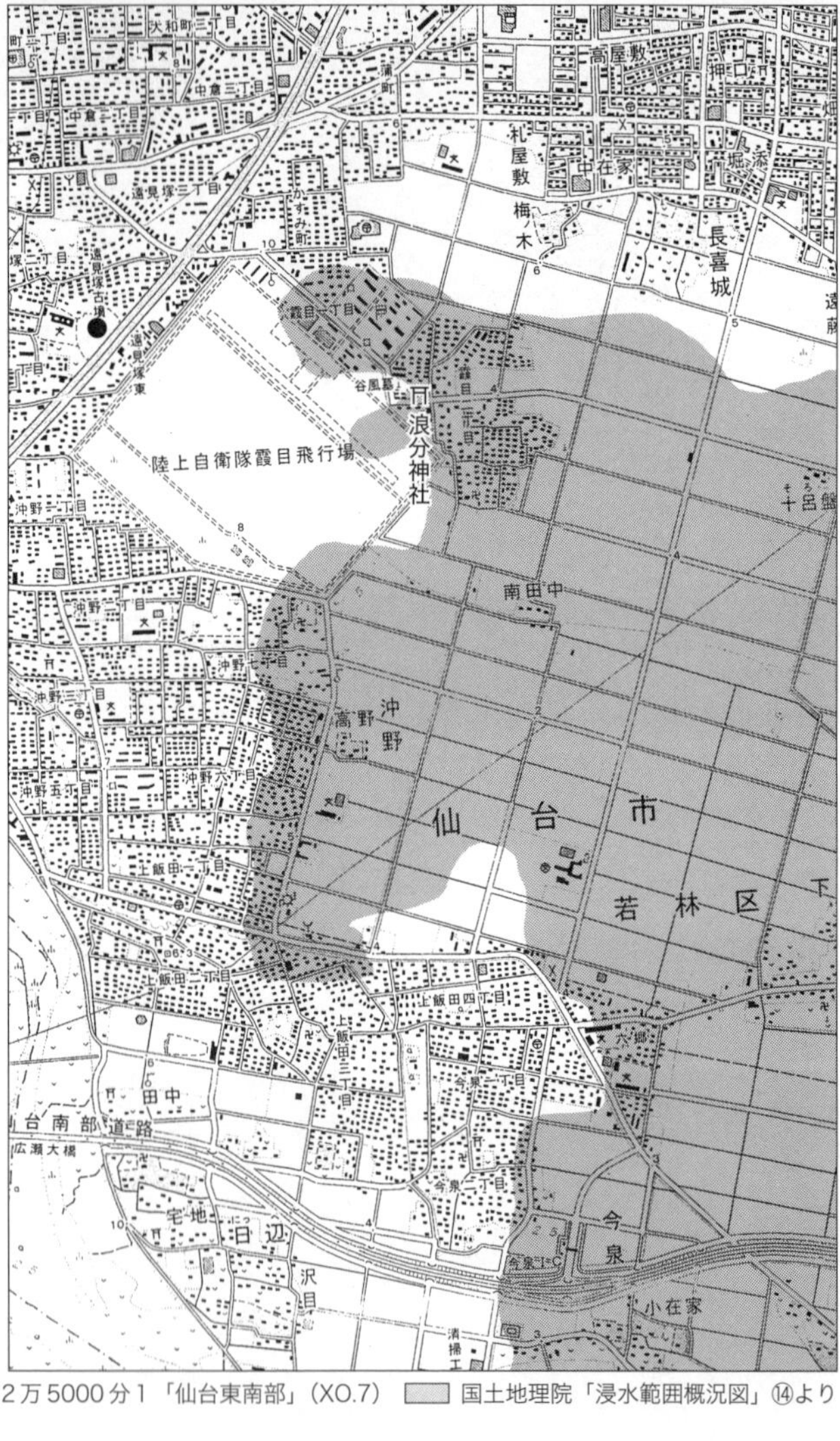

2万5000分1「仙台東南部」（X0.7）　▭ 国土地理院「浸水範囲概況図」⑭より

今回の大震災でも復旧か復興かが大問題となっているが、古墳時代前〜中期の四世紀、人々は津波に襲われた被災地に敢然として立ち向かっていった。海水浸しになった低地を人々は黙々と水抜きし、何年もかかって一面の水田が広がる沃野に変えていった。

津波来襲以前からこの地で稲作が行われていたなら復旧ということになるし、一面に芦原が広がっていた未開地だったなら、その行為は開発・新規復興ということになる。

このような〝災厄を転じて福となす〟営為は、この災害列島に生きる者たちによって何百年、何千年となく続けられてきたのだ。それはこの列島に人が住み始めてからこのかた、列島の住人、すなわち我々の祖先らの歩んできた苦闘の歴史でもあった。

四世紀ごろ、名取市の雷神山古墳、仙台市若林区の遠見塚古墳に祀られたのは、災害地を美田に変えて子孫に残した民衆の指導者、地域のリーダーたちにほかならない。

ヨデン（余田）は津波をいうヨタ起源か

名取市北部、名取川に支流・広瀬川が合流する地点の南約三キロに名取市上余《かみよ》田《でん》・下《しも》余田地区がある。中世〜戦国期には一括して余田郷と呼ばれた。今回の津波はこの上（下）余田地区の手前まで押し寄せて止まっている（67ページ地図参照）。

この「余田」なる中世の田制《でんせい》用語について、『日本国語大辞典』は以下のように解説する。

よでん（余田）　平安時代以降から中世にかけて、荘園に本来認められた田地以外の田。台帳記載以外の田で、これが公認されると加納《かのう》あるいは加納余田・加納田と呼ばれる。

なお、『国史大辞典』（吉川弘文館）には「余田」・「加納余田」の項目はないし、「加納」の項目中にも「余田」についての説明は一切ない。

ヨデン（余田）という地名は兵庫県丹波《たんば》市（旧・市島《いちじま》町）と同県神崎《かんざき》郡福崎《ふくさき》町の二カ所にあり、前者は法勝寺《ほっしょうじ》領御油《ごゆ》荘、後者は九条家領蔭山荘の荘外の公田を開墾した「免外開田地」とされる（『角川日本地名大辞典　兵庫県』）。

ところが宮城県名取市一帯は中世、国衙《こくが》領（国司の統治下にある土地）的性格が強く、一部は熊野三社への寄進地もあったらしいが、南北朝期には南の行方《なめかた》郡（現・福島県）方面から相《そう》馬《ま》氏が進出、戦国期には伊達《だて》氏領となって近世に至っている。

こうした地域史からすると、名取市の余田郷は「荘園の追加開墾地」に由来するのではなく、むしろ別起源の地名ではないか。つまり、ヨタという地名が先にあり、それを「余田」の漢字で表記し、のちに田制用語のヨデンと誤認された地名ではないか。

先の『日本国語大辞典』の「よた」には、次のような項目もある。

宮城県名取市付近　　5万分1「仙台」・「岩沼」(X0.7)

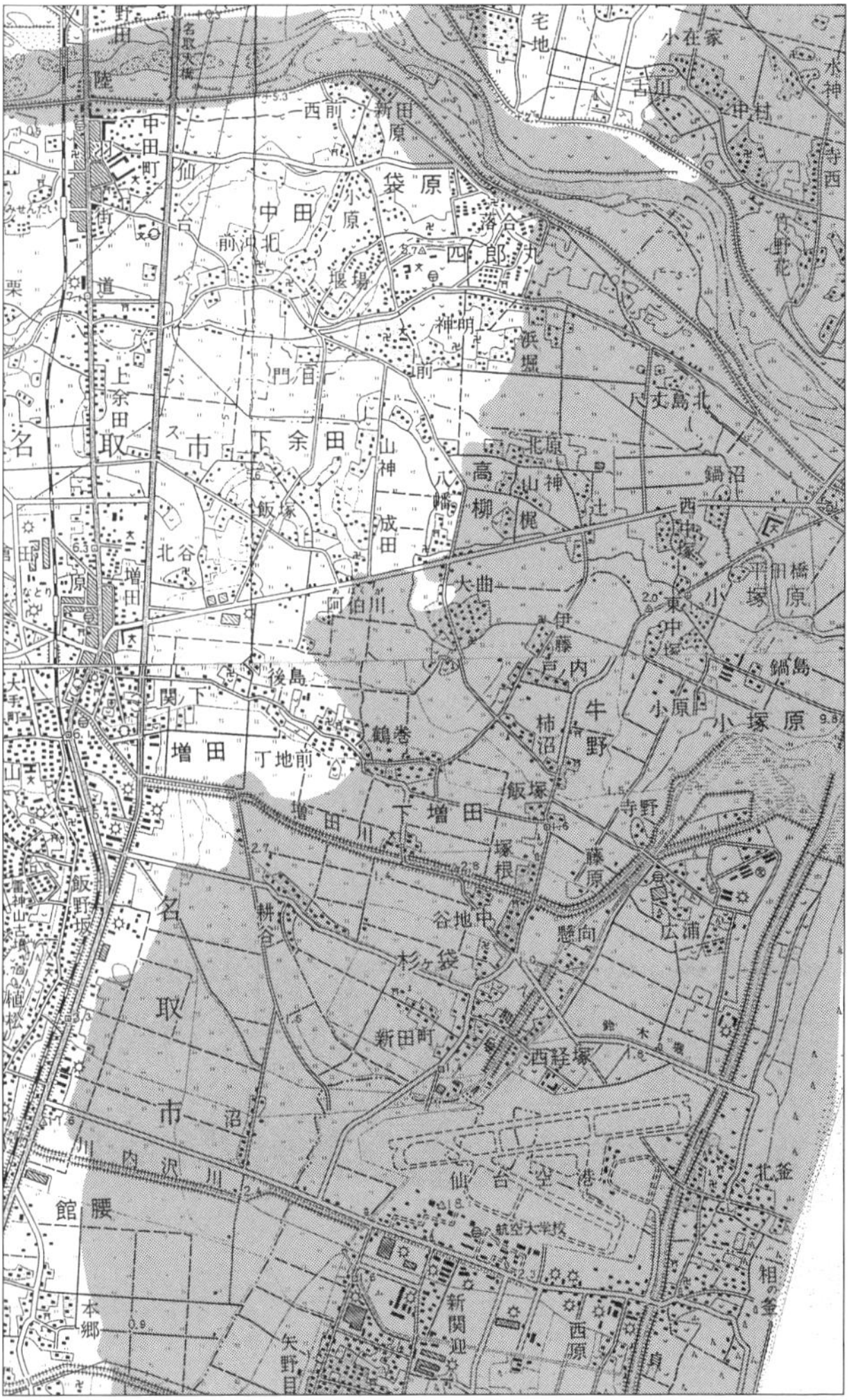

国土地理院「浸水範囲概況図」⑬による

よた〈方言〉①潮水の急に満ちたり干たりする流れ。三重県度会郡。②風や潮流のために水面に生ずるうねり。静岡県榛原郡。③津波。「昔よたの来たことがあった」岩手県宮古。④岸近く浮かぶ泡の集まり。伊豆大島。

方言とはいえ、同じ東北地方で今回も津波で大損壊を被った岩手県宮古市では「津波」をいう言葉そのものである点、注目に値するだろう。これらの方言用例は、「愚か者。うすのろ」や「冗談（ヨタを飛ばす）」、「不良。素行不良者」をいう俗語の「よた（与太）」に通ずる語かと思われる。

今回の大地震・津波では、各地の内陸部をのたうち回る津波の映像が何度も映し出された。一センチでも低い地へと大地をのたうち回る津波は、徒党を組んで繁華街を横行する与太者らの姿とイメージが重なる。

宮城県名取市の上余田・下余田あたりは、市街中心部に近い割には集落は少なく、東西に広々とした水田地帯が広がる。地区の標高は三〜四メートルだが、今回の津波は、国土地理院「浸水範囲概況図」ではその先端が下余田地区の東端で止まっている。それは、近年に新設された仙台東部道路など盛り土をした構造物があったおかげであろう。

かつて上余田・下余田付近は、今回の大地震で東北各地に見られたように、まず震源の動きに引っ張られて海岸線から数キロ入った地が広範囲に陥没、地盤沈下を起こした。そこへ津波が襲って、あたり一帯は水浸しになり、一時的（数十年、百数十年といった期間）に湿地になっていたようだ。その湿地だったころ、地元住民はその地を「よた（津波）の地」と呼んだ。

水浸しの地の開発または復興は、周辺より遅れて着手された。遅れて開発されるという点では荘園の加納余田の場合と同じだから、やがて人々は荘園開発用語・中世田制用語の「余田」なる語の存在を知り、ヨタ地名に「余田」の文字を宛て、音読みしてヨデンなる地名が定着した――という経緯が想定できる。

2　女川・小名浜も津波痕跡地名だった

なかなか分からなかった「女」地名

三十年ほど前、『古代地名語源辞典』や『地名用語語源辞典』の編纂に取り掛かった初期の段階では、年下の研究者仲間を相手に、「〝女〟っていうのは、よく分からん」などと愚痴ったものだった。

同じ「女」の字を使っていても「メ」と読む地名については、和語のメは「目」の漢字が使われている場合も含めて、多くは「凹型」の地形であることが多い。哺乳類など仔を生む動物の雌の性器は凹型をしているが、その和語の語源は動詞のメゲル（壊）である。

今はどうか知らないが、数年前まで東京の渋谷あたりを夜な夜な徘徊する少女たちが、TVカメラに向かって、「アタシ、もうメゲちゃった」などとのたまっているシーンを、よく見かけたものである。この場合、「気分が落ち込む」といった意味であろうが、「気分が壊れる。陥没する」とはすなわち図で示せば凹型になる。

瀬戸内海でも最も古い漁村の一つである私のムラ（大字）では、「物が壊れること」はすべてメゲルと言った。「壊す」という他動詞、「壊れる」という自動詞があることは、幼稚園に行くようになって初めて知った。

地名の場合、東北地方には川沿いの地に「〜目」という例がかなり見られるが、天井川《てんじょう》でなければ川沿いの地の断面は凹型だから「目」を当てるのは正訓に近い。人体の「目」の語源については諸説あるが、「顔面において凹型に凹んだ部分」という理解が一番正しいだろう。

比喩的表現の「夫婦山」

十年ほど前、野外レジャーの専門誌「BE-PAL」（小学館）の女性ライターから、「男体《なんたい》山・女体山《にょたい》」についてデータ提供と私の見解を訊かれたことがあった。

男体山・女体山だけでなく、男山《おとこ》（岳）・女山《おんな》（岳）ほか類似例が全国に五〇カ所近くあることと、そのうち「女山」のほうが標高の高い例が相当数あること、『角川日本地名大辞典三重県』の月報（№.19、昭和五十八年六月）に、堀淳一《ほりじゅんいち》氏が「地図研究家」の肩書で「『ならび山』めぐり」というエッセイを書いていること、などを回答した。

補足しておくと、堀氏はその前職は北海道大学教授（物理学）であった。その立場上、直截的な表現を避けたのかもしれないが、氏がいう「ならび山」とは本当は「夫婦《めおと》山」と呼ぶべきだろう。

日本人の創世記「国生み神話」では、イザナギとイザナミの「まぐはひ」から大八洲《おおやしま》（島）が生まれたと記している。『旧約聖書』のアダムとイブの物語もそうだが、男女・雌雄のペアが存在することは生命の根源であるから、男体山・女体山、男山（岳）・女山（岳）の存在を「夫婦山」と呼ぶことに何も躊躇することはあるまい。

後日、「BE‐PAL」誌の記事掲載号が送られてきたが、この女性ライターは東京から一番近い筑波山の双耳峰《そうじほう》の高いほうの女体山（標高八七六m。男体山は八七一m）を取材したといい、記事には「女陰の形をした大岩があったが、〝猥褻《わいせつ》物陳列罪〟に問われそうなので写真は割愛した」と付記されていた。

ただし、その〝そっくり岩〟の存在から「女体山」の名が先に出て、付随的に「男体山」が命名されたわけではあるまい。私は宗教上か民俗的風習から「男体・女体」という認識が先にあり、〝そっくり岩〟は女体山の山頂にたまたま偶然、それらしき岩があったのだ、と考えている。ちなみに筑波山は、『万葉集』や『常陸《ひたち》国風土記』が記すように、古代から男女の若者たちが集う歌垣《うたがき》（嬥歌《かがい》）の舞台であった。

民俗的風習といえば、日本各地には、ほとんど村ごとに「陰陽石《いんようせき》」が存在する。私の郷里の岡山市の国指定特別名勝の後楽園にも一対の陰陽石があり、陽石のほうは形が目立つから、子供にもその存在が分かる。ところが陰石はどれがそうなのか、判然としない。そこで、高校生のおり興味津々で、友人と何度か〝探検〟に出かけたことがあった。が結局、友人らとは意見が一致せず、今もどれが陰石なのか、確定できないままである。

雑誌「ＢＥ－ＰＡＬ」のいう〝そっくり岩〟の形を確かめたいと思い、日帰りでも一度見に行こうと思ったが、まだ果たせていない。

女川・小名浜とは何か、疑問だった

話がだいぶ脇にそれたが、三十年ばかり前、私にとっては「女」のつく地名は鬼門であり疑問だらけだった。昭和五十八年刊の『地名用語語源辞典』の「おな」の項目は次のように処理している。

おな［女・小名・小那・尾奈］
①畦。畦道（〈方言〉岩手）。畦畔《けいはん》の大路〈小井田幸哉〉。②ヲ（峰）ナ（土地）で、「高くなった所」の意。③ヲンナ（女）の略で、女性に関連する伝説関連地名もあるか。④ヲ（小）ノ（野）の転もありうるか。⑤ヨナ（砂）の転か。――とし、
〈解説〉①、②はいずれにしても同系同語語源の用例。「女」のつく地名にはさまざまな伝説が付会しているが、その伝説が元になって命名された地名はごく少数であろう。オナガワ（女川・小名川）など①、②では解釈しにくい地名例もあるので、④、⑤の新説を立てた。

――と、我ながらすこぶる歯切れが悪い。正直いって、この辞典では、私は「オナ（ヲナ）」という地名について、まだまったく理解できていなかった、と反省する。

出羽国飽海郡雄波郷も津波地名だった

それには伏線があった。たびたび私事にわたって恐縮だが、これも失敗談なのでお許しいただきたい。『地名用語語源辞典』編纂の二年前、私は若手地名研究者三名と共編著で『古代地名語源辞典』（東京堂出版）を世に問うていた。四人の共編著だが、原稿の最終稿のチェック

と決定稿化作業は私が担当したから、最終的な文責は私にあった。

この辞典の本文最終ページから四ページ前に「をなみ（雄波）」の項目がある、出羽国飽海《あくみ》郡九郷の一つである。ただし、飽海郡の北部は鎌倉期に由理《ゆり》郡（明治以降は秋田県由利《ゆり》郡）となり、南半側は戦国期に遊佐《ゆざ》郡（のち山形県遊佐郡）と称された。雄波郷は現在の秋田県「にかほ市」となった旧・象潟《きさかた》町一帯に比定（場所を比較・推定すること）されている。

この郷名について、村岡良弼《りょうすけ》『日本地理志料』は、「男波《おなみ》・女波《めなみ》」という対語《つい》との関連を指摘し、「激しい波の打ちよせる所」としているが、私は結果的にこの説を軽視してしまった。瀬戸内海の小さな入江のほとりで育ったから、私は風が立てる小さな波（これが「女波」か）も、引き波と寄せ波が何かの拍子に合わさって、時おり大きな波（「男波」か）になることは知っていた。

しかし、この時点で、私には津波といえば太平洋岸の三陸海岸とか伊豆《いず》半島や浜名湖、熊野灘、紀伊《きい》水道などに襲い来るもの、という程度の認識しかなかった。日本海沿岸にも大きな津波がやって来ることを、私はまだ現実として認識していなかったのだ。

私だけではない。実は昭和五十七年（一九八二）、秋田県が東大地震研（代表・宇佐美龍夫教授）に委嘱して作成した「秋田県地震対策基礎調査報告書」には、内陸で発生が予測される地震は想定されているが、日本海沖で発生する地震はまったく予測されていない。したがって、

象潟付近の活断層と地震

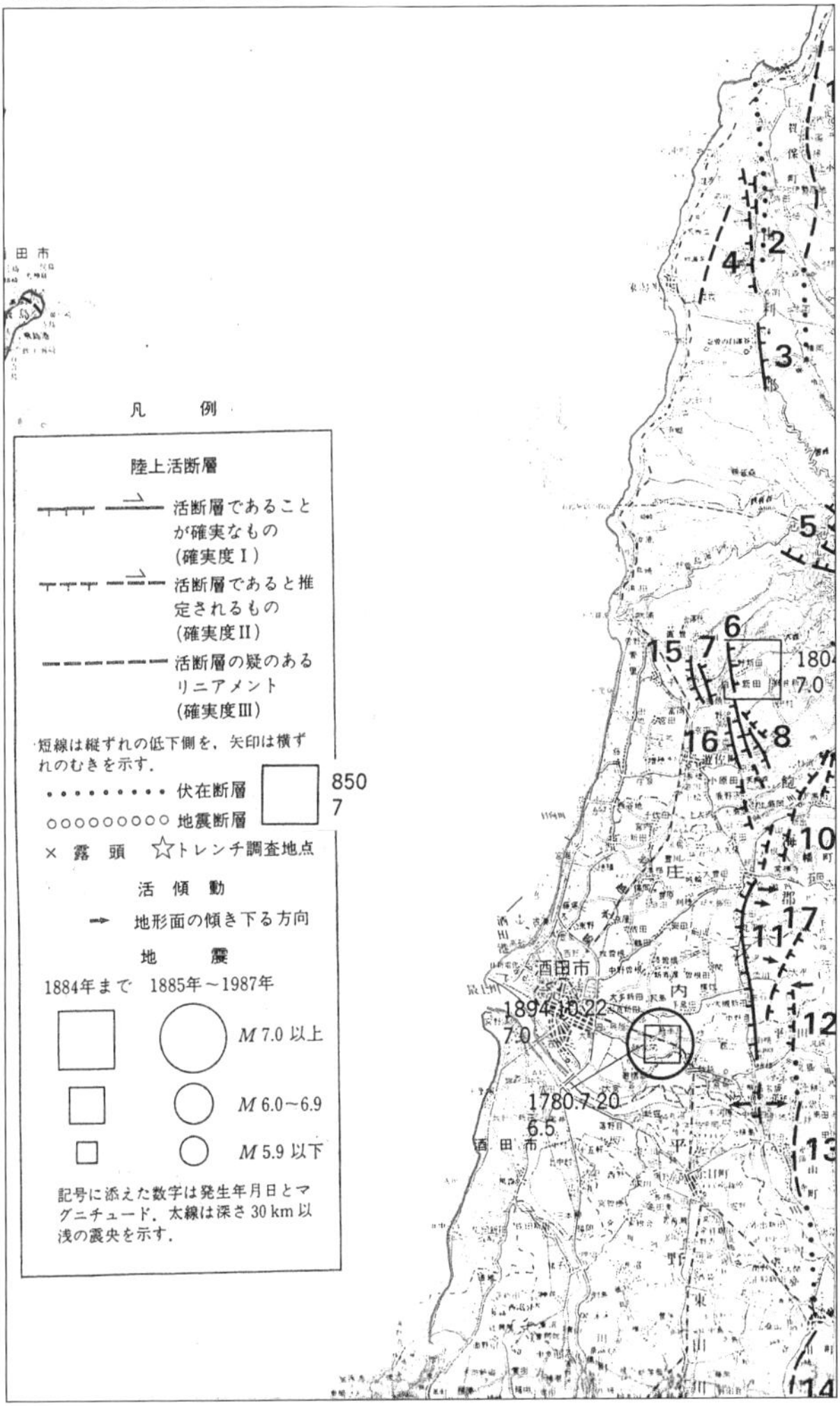

『新編　日本の活断層』（東京大学出版会）酒田（XO.7）より

同報告書には「津波」について触れた文章は一切ない。

江戸後期、文化元年（一八〇四）の象潟地震も、報告書では「震源は鳥海火山の直下」と推定されており、象潟や酒田を襲った津波にはまったく触れられていない。

そして皮肉なことに、報告書が出された翌昭和五十八年五月二十六日、マグニチュード七・七の日本海中部地震が発生し、男鹿半島西岸の加茂青砂海岸に遠足に来ていた内陸の合川町（現・北秋田市）の小学生一三名など、秋田・青森両県で一〇〇名もの津波の犠牲者を出したのである。

芭蕉訪問の百十六年後、象潟は津波で消えた

国指定天然記念物の象潟の名は、松尾芭蕉『おくのほそ道』の「松島は笑ふが如く、象潟はうらむがごとし」の名文とともに記憶していたが、芭蕉が象潟を訪れた百十六年後、この地を震源とする推定マグニチュード七・〇の象潟地震が発生して象潟が消えていたことまではまったく意識していなかった。

八十八《はちじゅうはち》潟九十九《つくも》島と呼ばれたかつての象潟の景勝は、鳥海火山の火山泥流の末端が荒波によって分断されて形成されたという。その荒波とは季節風による単なる荒波ではなく、実は地質時代からの度重なる津波で、象潟はそれによって細かく刻まれた地形ではなかったか。

かつての象潟の潟湖の西側、日本海に沿って約三キロにわたって市街地が続いている。これが旧・象潟町の中心市街地で、その地名は「塩越」という。ラグーン（潟湖）だった象潟の島々と同じ成因というより、おそらく泥流ではなくもっと固い溶岩流でできていたかと思われる。

この「塩越」の地名は実は「潮越」の意で、細長い海岸線を津波が何度も何度も越していった地のことである。そして、やや硬い地質の部分だけが、浸食されないで残ったのである。なお、今から十年以上前だったと記憶するが、山形県酒田市沖の飛島付近の海底を撮影したTV番組が放映されたが、海底に大きな岩盤の裂け目が発見され、亀裂が比較的新しいことからこれが象潟地震によるものではないか、と解説されていた。

近年、地震学の発達は目覚ましいものがあるが、やがて来るはずの東海地震の予知に予算と人員の多くが注がれ、陸上の活断層の調査は未だしの感がある。まして海底の断層帯の調査は今後の課題で、日本列島とその周辺ではどこで地震が発生してもおかしくない状況にある。

言い訳になるが、日本海中部地震の二年前の段階で、地震学のプロならぬ我々が象潟あたりで津波を伴う地震が起きうることを知らなかったのは無理もなかった。だが、今回の東日本大震災は、日本近海では百年に一度、少なくとも数百年に一度という頻度で大地震・津波が発生していることを教えてくれた。

我々日本人は、地震学だけでなく、あらゆる知識を総動員して起こりうる災害を想定し、被害を最小限に止める知恵を確立しなくてはならない。

断層帯の上に位置する郡・郷

日本海には北米プレートとユーラシア・プレートの境界が南北に走っている。このプレートの境界線から分岐して、秋田県西岸沿いに北由利断層帯がやはり南北に走っている。男鹿半島の寒風《かんぷう》山や秋田・山形県境の鳥海火山は、この断層帯の裂け目に噴出した火山だが、断層帯自体にも歴史時代にしばしばマグニチュード七・〇規模の地震が発生している。

とくに江戸期には正保《しょうほう》元年（一六四四）の本荘《ほんじょう》地震以来、二五〇年間に七回も大地震を起こしたという。

この文化元年（一八〇四）の象潟地震では水深約一メートルの象潟の海底が一・八メートルほど隆起し、象潟の景勝をつくっていた潟湖も干上がってしまった。

その隆起した象潟の潟湖の跡地を津波が襲い、地震と合わせて倒壊家屋五〇〇〇軒以上、死者三〇〇名以上の大惨事となった。

この地を襲う津波は北由利断層帯の地震によるものだけでなく、昭和五十八年の日本海中部地震のときと同様、はるか沖合のプレート境界で起きた地震によってもしばしば発生しただろう。つまり、出羽国飽海郡雄波郷の名は、〝忘れないころに〟たびたび襲来する津波の痕跡を留める郷名と考えてよい。

ちなみに、古代の飽海郡・郷の名も、「海（水）が湧く」または「海水が上昇する」意とも考えられる。瀬戸内海中部の香川県塩飽諸島の名は、西方の備後灘を境に瀬戸内海の海水がまず東の明石《あかし》海峡・紀淡《きたん》海峡へ、次いで西の来島《くるしま》海峡・豊予《ほうよ》海峡（速吸《はやすい》瀬戸）へ分かれて流れること、逆に満潮時には東から、そして西から潮が湧き出るように満ちてくることに由来する。

また由理郷（のち由利郡）のユリとは「揺れる地」の意であり、その南の遊佐郷（のち遊佐郡）のユザも「（たえず）揺さぶられる地」のことであろう。

女川・小名浜もやはり津波痕跡地名だ

このように考えれば、宮城県女川、福島県いわき市小名浜《おなはま》のオナ（ヲナ）は、「雄（男）波」のヲ・ナミを下略して津波を「ヲナ」と呼んだ名残だ、と容易に推測できる。

今回の東北地方太平洋沖地震の大津波で、津波は海岸の堤防を乗り越える前に「まず、川から遡って来る」ことは、読者の皆さんはすでによく実感されたはず。小学生一三人が犠牲になった加茂青砂海岸から直線距離で南東に約八キロの近接地、秋田県男鹿市船川港《ふなかわみなと》地区に女川集落があり、この地も同様の津波にしばしば襲われた地であろう。

ただし、同じ「女川」地名でも富山県中新川《なかにいかわ》郡上市《かみいち》町女川、隣接する同郡立山《たてやま》町女川新の地名は、立山連峰剱《つるぎ》岳北西麓の標高二〇〇メートル超の地点だから津波起源ではなく、別の由来であることは言うまでもない。

また、よく珍地名例として紹介される茨城県牛久《うしく》市女化《おなばけ》町は、現在では利根《とね》川河口から約七〇キロの内陸で常陸台地縁辺の標高二五メートル地点にある。南側には中世まで香取海《かとりのうみ》が入り込んでいたので、古い時代の津波来襲の痕跡を伝える地名の可能性もある。「化」の字をバケと読ませるのはハケの連濁で、大岡昇平《おおおかしょうへい》『武蔵野《むさしの》夫人』の舞台となった東京・国分寺《こくぶんじ》市のハケ群と同じく「崖」をいう方言である。

ところで、福島県いわき市の小名浜港は重要港湾・開港場に指定されており、東北地方屈指の漁港・商港・工業港である。ここも津波が襲う地だったとは、今回の被災で初めて思い知らされたことだった。

この港は、北東約一三キロに美空ひばりの歌碑が建つ塩屋埼《しおやざき》や港のすぐ東側には竜ケ崎《りゅうがさき》が突き出ており、今回の地震の震源域との間に立ちはだかっているように見える。ところが、津波は進行前面に岬などの障壁があると、その裏側に回り込む（「回折《かいせつ》」という）ように進み、岬の裏側にも甚大な被害をもたらす、という。

なお、福島第一原発から北に約一三キロ離れた南相馬市小高《おだか》区女場《おなば》は、海岸から二キロ入っ

津波起源のヲナ地名（北海道を除く東日本）

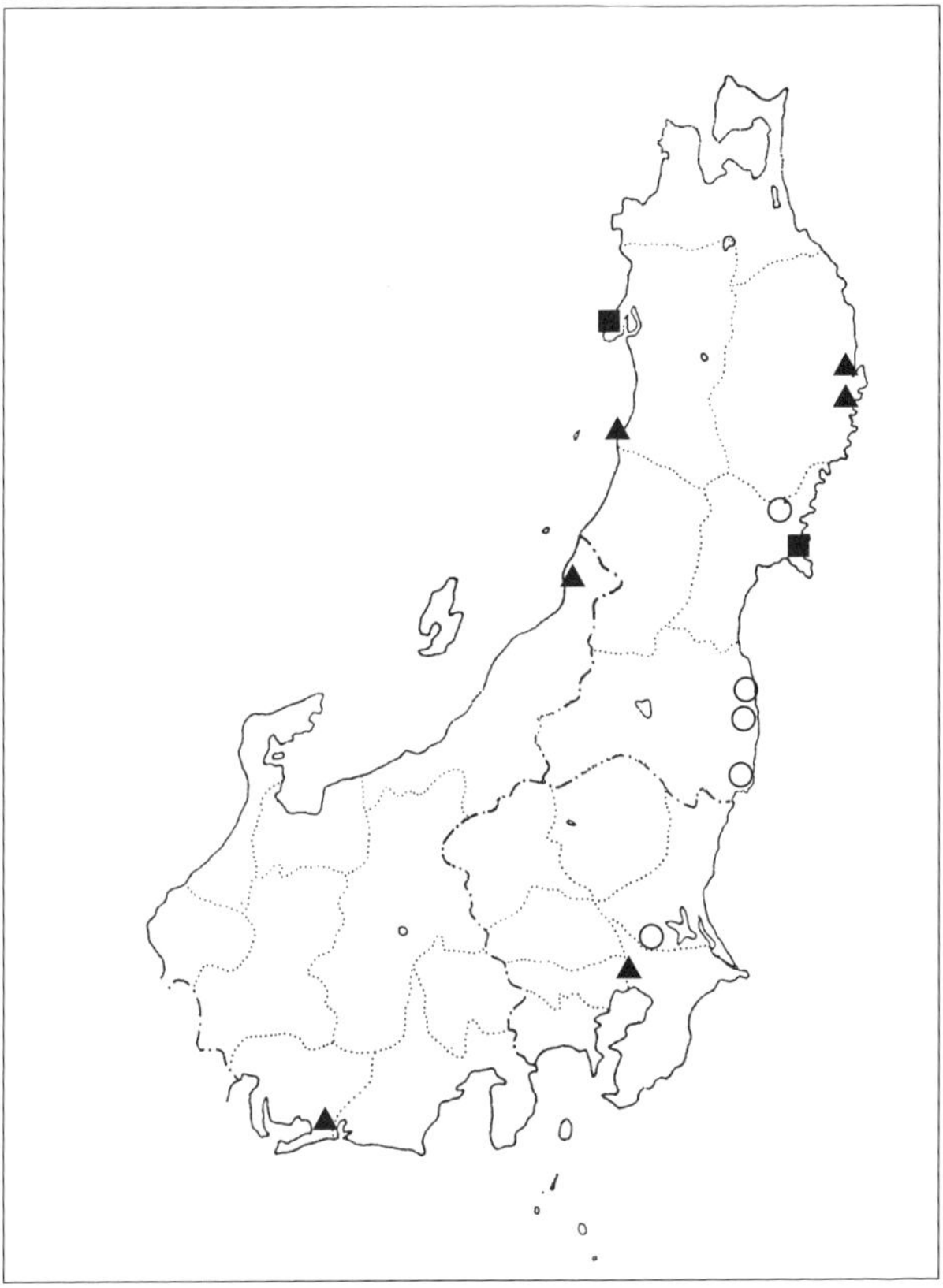

■集落名と河川名（女川）がセットになった例
○集落名（大字級以上）
▲小集落名ほか

たところだが、今回、海から直接ではなく、北側を流れる小高川沿いの低地から津波が浸入してきている。この「女場」のヲナ（女）もやはり、津波痕跡地名ということになる。

女遊戸・女遊部はアイヌ語起源か？

岩手県宮古市に「女遊戸」、釜石《かまいし》市に「女遊部」と書いてともにオナッペと読む小集落がある。宮古市のほうは大字・崎山《さきやま》に属し、小さな入江の奥に位置している。釜石市のほうは市の中心部から山を一つ越えた山間地、両石《りょういし》湾に注ぐ水海《みずうみ》川を河口から二・五キロほど遡った地点にあり、両石町に属する小集落らしい（次ページ地図参照）。

ともに文字面からして珍地名の資格十分だが、この二つの集落も津波痕跡地名だろう。なぜなら、各地の事例が示すように、ヲナは「雄（男）波」の下略である可能性が高く、オナッペは「ヲナ（津波）が遊水地を作るあたり」と考えるのが一番自然と思われるからである。

この地名について、旧知の地元・宮古市で中学校校長を勤められた故・小島俊一氏はアイヌ語オ・サッ・ペで「河口の乾く川」とか「川口の水の涸れている川」と、どうしてもアイヌ語解にこだわっておられる（小島俊一『岩手の地名ものがたり』）。

小島氏とは長い期間つきあったが、氏は東北地方にアイヌ語地名が多い、という固定観念から抜け出られなかったらしい。アイヌ民族とは、鎌倉期に和人に向かって、「我々はアイヌ

宮古市崎山の女遊戸

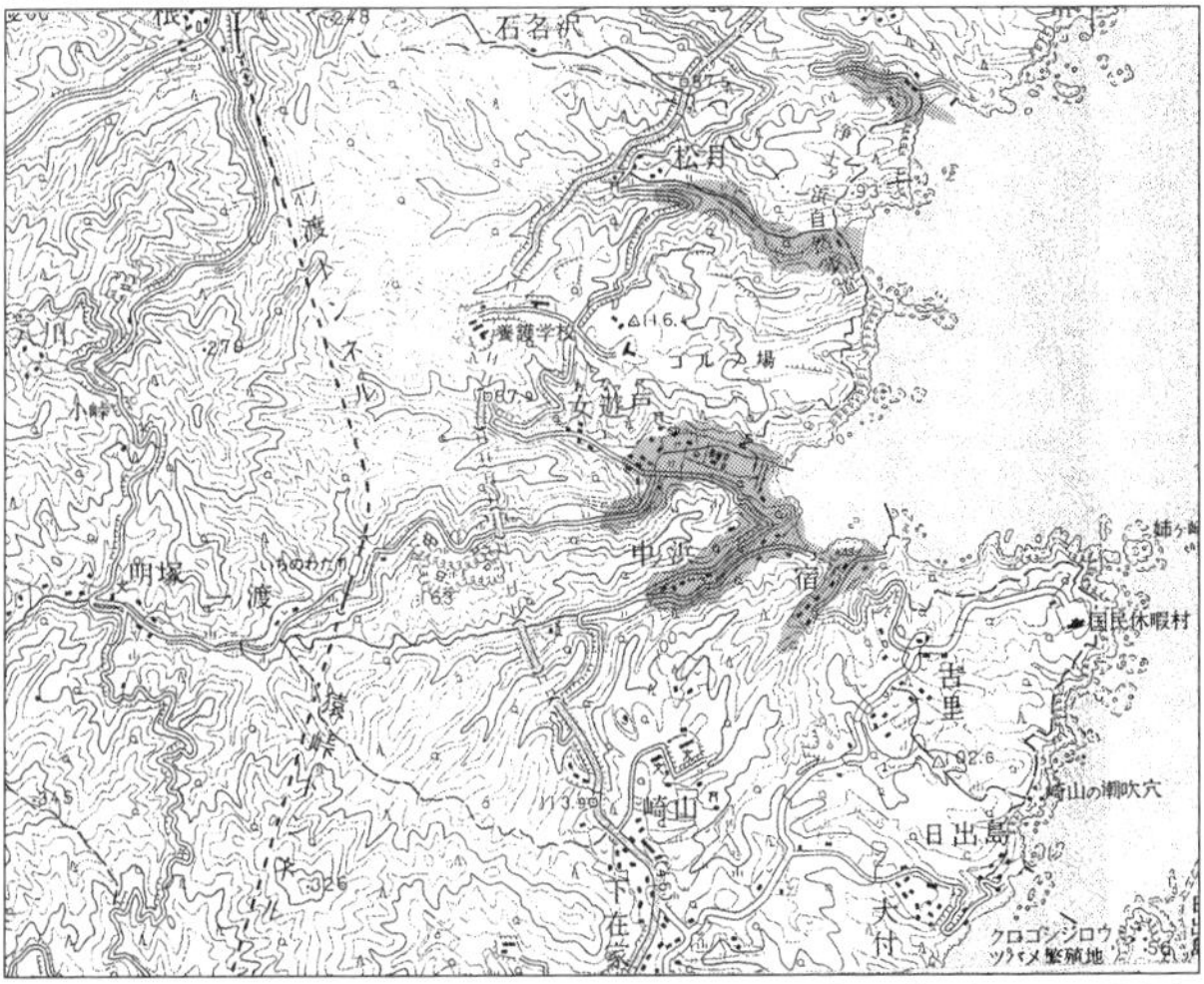

5万分1「宮古」(X0.7)　▨ 国土地理院「浸水範囲概況図」⑥より

釜石市両石町女遊部

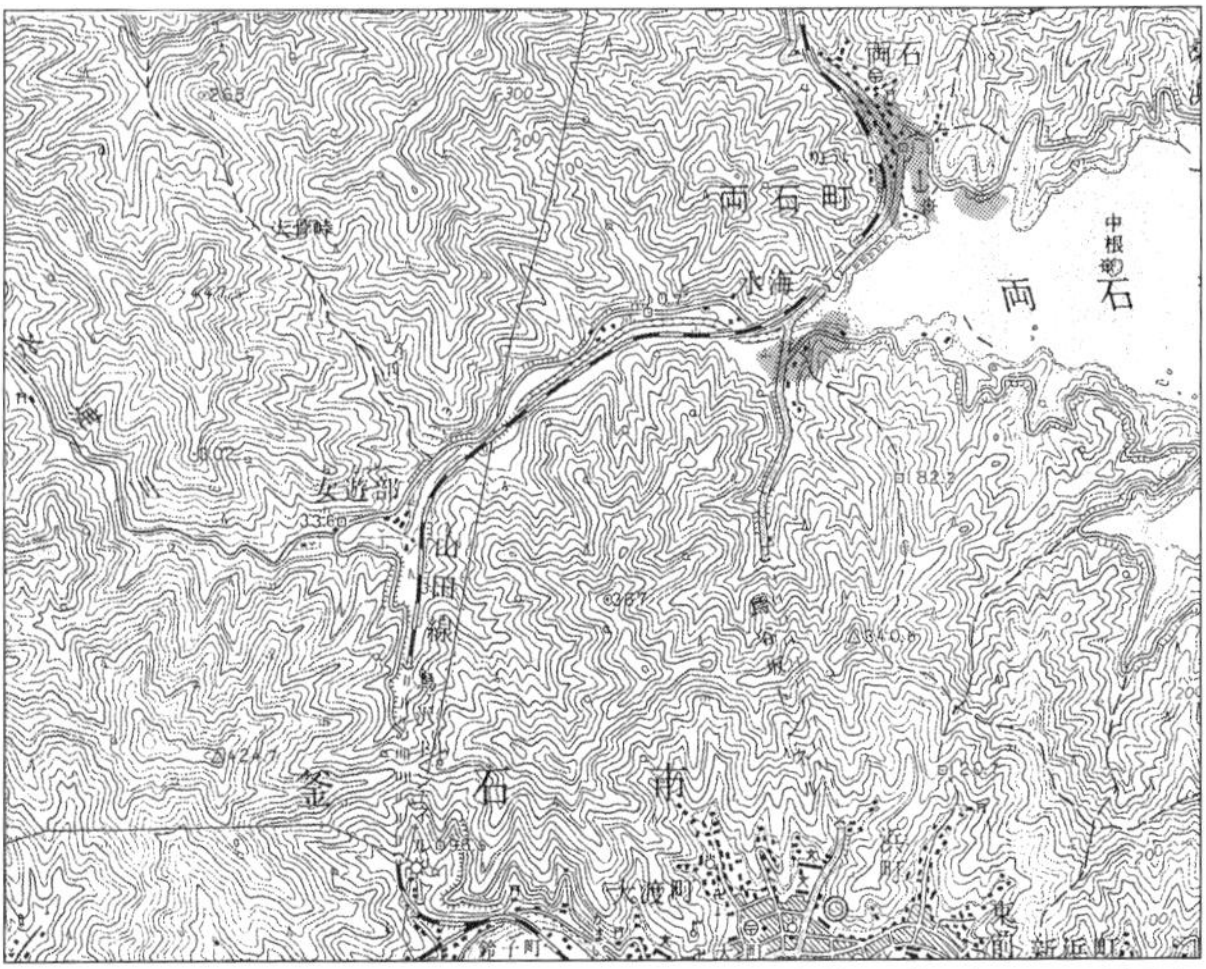

5万分1「釜石」(X0.7)　▨ 国土地理院「浸水範囲概況図」⑦より

（人間）だ」と主張した民族集団である。彼らは、奈良〜平安期に本州の北辺で大和朝廷に時に抵抗し、やがて順化した蝦夷《えみし》と呼ばれる人たちと同じなのか、異なるのか。

私は、エミシとエゾとは異なる概念だ、と考える。なぜなら、『日本書紀』神武《じんむ》天皇即位前紀の大和国忍坂《お(おし)さか》の項で久米歌《くめうた》に「夷」の名があり、「エミシ」と訓じているからである。

この「夷」は、古代大和国とその周辺にアイヌ人が住んでいたとは考えられないから、エミシすなわちアイヌ人ではありえない。この神武紀に登場する「夷」は「得見し」で「未だ服従せざる者」と考えるほかない。

本州の北辺の平野部には、紀元前数百年前から稲作が広まっていた。大和朝廷に服従するかしないかは別にして、水田稲作を行う民をアイヌ人と同一視するわけにはゆかない。

紀元後の弥生《やよい》時代にも、本州北辺の山間地では稲作ではなく畑作と狩猟・採集生活を行っていた集団もいたが、彼らは擦文《さつもん》土器を用いていた。その擦文土器自体、本州の弥生式土器や土《は》師器《じき》との共通性が色濃く、のちに認識されるアイヌ文化とは大いに異なる。

したがって、彼らが使う言語はアイヌ語ではなくて、縄文語を祖語とする擦文語である。和語もアイヌ語も擦文語もすべて、縄文語を共通の祖語とする。しかし、縄文人・縄文語、それから派生した擦文人・擦文語、和人・和語をすべてアイヌ人・アイヌ語と同じと見たのでは、この列島の民族史・民俗史に大きな曲解と誤解をもたらすことになる。

結局、東北地方の地名研究者、それも比較的に早くから研究に着手した人ほど、ほかに考える手だてもなかったから、アイヌ語説に嵌《はま》ってしまったのだろう。だが、そういう態度は、金田一京助博士も知里真志保教授も、その著作・論文で厳しく諌《いさ》めている。

珍地名の正体が分かった！

ところで今回の津波の被害状況は、宮古市のほうは、小さな入江に面しており今回も相当な被害を受けているようだ（83ページ地図参照）。

ところが、釜石市のほうは河口から二・五キロ上流で、今回の津波も水海川河口から一キロ程度しか遡上していない。これは、どういうことなのか。単純には、前回の津波（一一〇〇年前の貞観地震か、五〇〇年前の慶長地震か。あるいは、それ以後の直近の津波か）と今回の東日本大震災の津波の規模の大きさの違いによるのか、または湾に浸入した津波の向き・角度の違いだったとも考えられる。

だが実は、釜石市両石町の女遊部のほうは、今回の大震災で東北沿岸各地で見られたような地盤沈下が前回の津波で起こり、しばらくの間、湖水状の水面が広がっていた可能性がある。あるいは、前回の津波で土砂災害が起こり、土砂ダム（堰止め湖）ができたとも推測される。いずれの場合も、集落がより上流に集団移転を余儀なくされ、結果として今回は津波の被害に遭わなかったということかもしれない。

これは単なる憶測ではなく、この地を流れる河川の名がミズウミ（水海）川といい、今はその痕跡は残っていないが、一時期、流域に湖沼があったことを想起させるに十分である。

静岡県浜名湖沿岸にもヲナ地名があった

静岡県西部の旧・国名、遠江の起源は、滋賀県の琵琶《びわ》湖を「近つ淡海《あふみ》」と呼んだのに対し、浜名《はまな》湖を「遠つ淡海」と呼んだことに由来する。このことから分かるように、古代には浜名湖は海とは切り離された淡水湖だった。

なお、近江《おうみ》・遠江の国名語尾に「江」の字を当てるのは、和語の地名用語ヱが動詞ヱル（彫）の語幹のヱで、「大地を彫り込んだ地形」すなわち川や入江や湖沼など凹型の地形を「ヱ」というからである。

ところでこの浜名湖は、室町時代の明応七年（一四九八）旧暦八月、推定マグニチュード八・二〜八・四の東海大地震・大津波によって現・浜松市西区舞阪《まいさか》町と浜名郡新居《あらい》町の境をなす今切口《いまぎれ》がぽっかりと開口し、遠州灘と湖面が繋がって現在のような入江状の汽水湖になった。

この今切口から北西に一三キロ、狭い猪鼻《いのはな》瀬戸の奥に支湖の猪鼻湖があり、その西岸に浜松市北区三ケ日《みっかび》町上尾奈《かみおな》・下《しも》尾奈の集落がある。

浜名湖の奥にあったヲナ（尾奈）

5万分1「浜松」（原寸）

この地は平安時代には伊勢神宮の尾奈御厨《みくりや》だったところで、中世から江戸時代まで上・下二村を合わせて尾奈郷と呼ばれていた。現在も、天竜《てんりゅう》浜名湖鉄道の尾奈駅がある。

この尾奈の地名も、東北地方とは遠く離れているが、ヲナミ（男波）の略で、やはり津波の痕跡地名だと私は考えている。この地名は古く『万葉集』巻一四－三四四八に「乎那能乎《おなのお》」と読まれた山があり、猪鼻湖西岸の板築《ほうづき》山（二二六ｍ）のこととされる（犬養孝《たかし》『万葉の旅（中）』（教養文庫、昭和三十九年）。

もっとも、『万葉集』が編纂された奈良時代には浜名湖は海から切り離された内陸の淡水湖で、津波とは関係ないではないか、という異論もあるだろう。しかし、浜名湖南岸の砂丘地帯は、遠州灘沿岸の旺盛な砂の堆積作用、砂州形成力で絶えず今切口付近の湖口が塞がれたり、それが津波で開口したり、を繰り返してきたはずである。

古代、あるいは先史時代のいつからいつまで湖口が切れていたのかは定かでないが、その湖口が開いて津波が襲って来たころの古い記憶が、ヲナの地名を伝えてきたのだと思う。

江戸・深川の小名木川は〝減災〟の知恵

今回の東日本大震災の津波は、東京湾岸の千葉県木更津《きさらづ》市でも小規模（波高二、三メートル）ながら観測されたという（「東京新聞」夕刊、二〇一一年四月八日付）。

一方、平成二十三年九月十二日の日本TVの夕方のニュース番組「every.」は、大震災当日の午後五時二十二分、江東区の小名木川《おなぎ》（運河）へ隅田川《すみだ》から一五〇メートル入った水門に高さ一・五メートルの津波が押し寄せる様子（おそらく隅田川寄りの萬年橋《まんねん》から撮影したもの）を放映していた。

この映像を見て、私は「小名木川は隅田川を遡ってきた津波を東へ逸《そ》らせて、浅草や向島《むこうじま》の市街地を津波の被害から守るためだったたか」と推測した。

小名木川東端の西葛西《かさい》領・東葛西領の村々にとっては迷惑千万な話だが、幕藩時代、このように市街地を守るために農村部を犠牲にする施策はいくつも実例がある。江戸では、浅草の北西、山谷堀《さんやぼり》の南西側に元和《げんな》六年（一六二〇）、浅草聖天《しょうでん》町から蓑輪《みのわ》まで長さ一三丁（約一・三キロ）の日本堤《にほんづつみ》が築かれたが、これは浅草市街を隅田川の洪水から守る片側堤であった。

この堤防を「日本堤」と呼ぶことについて、斎藤月岑《げっしん》『江戸名所図会《ずえ》』（天保《てんぽう》七年〈一八三六〉刊行）は次のように記す（ちくま学芸文庫『新訂　江戸名所図会』〈一九九六年〉による）。

……小塚原《こづかはら》の裏より橋場《はしば》総泉寺《そうせん》のあたりまで、水除けの堤一条あり。この堤を合わせて二条なり。俗に一本二本などといへるこころにて、二本堤と号しけるとぞ。

小塚原刑場跡と総泉寺跡を結ぶ線と日本堤（現・土手《どて》通り）の線を比べてみると、その間の幅は狭い所で二〇〇メートル、広い地点では八〇〇メートルもある。山谷堀の両側の堤防というより、本来は別々の目的で築造されたものだったろう。

つまり、日本堤は片側堤で、対岸一帯は洪水時には水を湛《たた》えて遊水地になる地、と江戸っ子はよく承知していた。それを正直に「一本堤」と呼んではご政道《せいどう》批判になる。逆に「二本堤」では事実と異なるし、癪《しやく》でもある。そこで、「日本堤」なる絶妙の名称を考案した。月岑の「俗に一本二本などといへるこころ」という表現は、そのことを物語っているのであろう。

同じような例は、備前《びぜん》・岡山藩にもあった。旭《あさひ》川が岡山城下に入る手前で左岸の堤防の一部を低くし、溢水《いつすい》を人工の排水路の百間《ひやつけん》川に流すという仕掛けであった。荒手堤《あらてづつみ》と呼ばれるこの工法は、一説に藩儒《はんじゆ》で防災に熱心だった陽明《ようめい》学者・熊沢蕃山《くまざわばんざん》の進言によるといい、作家の内田《うちだ》百閒《ひやつけん》の号（ペンネーム）は彼の生家の一・五キロ先にある百間川の名を採ったものである。

私は幼時、百間川に放流する話を耳にして、城下町の犠牲になる農民の苦難を思いやったが、父によれば「なーに、百間川に出作《でづく》りする百姓は、放流があるたび年貢《ねんぐ》が免除される。いや、放流がない年も年貢を安くしてもらっているのかな」という話だった。おそらく、江戸の日本堤以北の蓑輪ほかの百姓にも、またもし小名木川が津波放流用の機能を持っていたなら東・西の葛西領の村々も同様の救済措置を受けていた、と思われる。

生産（年貢）よりも人命を優先する江戸時代のシステムは、今回の大震災の中央・地方の政府・役人の対応ぶりと比べてみると、今昔の感がある。

東京湾は何度も津波に襲われた？

前記したように、津波は岬があってもそれを回折して岬の裏側に進んでゆく、という。ならば外洋で発生した津波が、房総《ぼうそう》半島先端を回り込んで東京湾内を襲ったとしても、何の不思議もない。事実、大正十二年（一九二三）九月一日の関東大震災でも、翌日発行された「大阪毎日新聞」の号外には、「品川湾に海嘯《かいしょう》　隅田川は逆流」の見出しが躍っている。

東京湾内でも、過去何度もマグニチュード六・五～七クラスの地震が発生している。どの地震で津波が発生していたか、記録を細かく再点検してみる必要があろう。

まず一つの例は、江戸東郊の葛西領平井《ひらい》新田（現・江東区東陽《とうよう》二～五丁目付近）は明和《めいわ》年間（一七六四～七二）に造成された干拓新田だが、寛政三年（一七九一）の津波で一度、流失したという（平凡社『歴史地名大系』13「東京都の地名」）。この津波の記録について、池田正一郎『日本災変《さいへん》通志』（新人物往来社、二〇〇四年）は以下のように記す。

八月六日、小田原大津浪。……箱根山崩れ、山水湧出し、……死人多し。……江戸、大森

「品川湾に海嘯」を報じる号外

大阪毎日新聞

號外

大正十二年九月二日

國家同胞の一大凶災

すべて是れ血涙の報道である、一報は一報より凶變災害の甚大を傳へる、その狀況は人間の想像を絶した地獄相だ、帝都は猛火に包まれ津濱に襲はれて二百萬の生靈は阿鼻叫喚の巷に彷徨してゐる、其他横濱、横須賀、靜岡縣下の各地方も地裂け家潰え伏屍累々の光景を想はしめる、まことに是れ邦家同胞の一大災厄である、吾人は心を一にしてこの異變の一時も早く鎭靜に歸せんことを天地に祈念するのほかはない

慘狀言語に絶す大東京

宮城の一部も燒失す

火攻めに次ぐ水攻め

生靈二百餘萬の安否

遠く碓氷峠から火焔を望む

東京全市を蓋ふ大火焔は遂に全市を焦土と化し遂に宮城を猛火の裡に包み二日午前二時頃畏くもその一部を燒失するに至つたが軍隊の活動により直ぐ消し止める事が出來た（二日午前二時長野縣輕井澤發）

八九十ヶ所に火

王子田端に及ぶ

東京市は芝の一部を除く外全區に亘つて火災を起し上野驛も危險に瀕してゐる

東京市の大火は今や火炎全市を包み全く焦土と化せん有様で近衛及び第一師團の兵隊は總動員を行つて消火に努めてゐる

東京の猛火は水不足から燒けるが儘に委せ二日午前零時半までの情報によれば火は全市に燃え擴がり王子田端方面まで飛火し火元は今は八九十ヶ所となり全市を舐め盡さん模樣である

丸の内も大半燒失す

上野公園は罹災民に埋まる

松阪屋全燒―軍隊消防疲勞の極

二日午前四時鐵道電話で得た情報によると東京上野廣小路附近は今尚旺んに燃え上野驛は避難の準備中いさう松阪屋呉服店も午前三時廿分頃全く燒き盡された、上野公園を始め各所の空地には燒け出された罹災民で蟻の這ひ出る隙間もなく又山手方面は麹町區の如き丸の内附近の大きな建物二三を除く外は大方燒き盡され火は今尚ほ鎭火しない消防も軍隊も既に疲勞の極に陥り全く燒けるがまゝに任せる外なき狀態である

品川灣に海嘯

隅田川は逆流

本所深川は大洪水となる

猛火に襲はれた東京市は更に二日午前零時頃より品川灣に海嘯起り隅田川を逆流せしめ遂に本所、深川は大洪水の厄に遭つてゐる、東京市の住民は火攻めと水攻めで轉々…全く路頭に漂泊しつゝあり、火の手は麻布方面にも延燒したとの報あり、二日午前零時五十分高崎地方より望めば大空は一面に赤々として燒け爛れてゐる

東京市の大火は一日午前零時に至るもなほ止まず信州方面關東地方に行く旅客は碓氷峠を越ゆれば遠く東京方面を明るくする空燒の樣を見、一種悲壯の感を抱かしめてゐる

東京強震止まず

東京方面は今尚人體に感ずるほどの強震時々起り海軍省内にある無電の受信所に對し幾回となく連呼すれども何等應答なく無電の聯絡も杜絶したので兵員を派して其の狀況調査中である

漸く下火となる

時に午前二時四十分

東京市の大火は二日午前二時四十分芝區の一部を殘して殆ど全市全部を燒き拂ひ稍下火となつた

横濱の殷盛地

殆ど燒き盡さる

死傷者數知れず

二船渠破壞す

荒川鐵橋

弓形に

大宮工場

即死…

清水東京

海上連絡

靜浦御用邸

附近に…

東京全市焦土と化す

【裏面へ續く】

大阪毎日新聞社　大正12年9月2日発行

大井、品川、高輪、芝、築地辺大津波。人家多く破損す。（泰平年表《たいへいねんぴょう》）

出典の『泰平年表』は天保十二年（一八四一）に刊行された初代将軍・家康《いえやす》から十一代・家斉《いえなり》までの時世の出来事を年代順に記録したもので、史料価値の高い記録とされる。『理科年表』には記載がないのは、同書の編集方針なのか、地震学関係者が歴史資料に疎《うと》いためか。今回の大震災を機に改めて地域別・時代ごとの地震・津波の収集・整理・刊行が必要になるだろう。

東京湾を襲った津波らしい記録は、ほかにもいくつも存在する。

同じ寛政三年旧暦八月六日の地震では、江戸の深川《ふかがわ》一帯も津波に襲われ、洲崎弁天《すさきべんてん》社周辺が水浸しになり、幕府は付近一帯の東西二八五間、南北三〇間余を空き地とし、家屋の建築を禁止した。その三年後、幕府は空き地の両端に津波警告の石碑二基を建てた。この石碑は大正十二年の関東大震災と昭和二十年（一九四五）の空襲で損傷したため、現在は洲崎神社境内とその西方の平久《へいきゅう》橋の西詰に新しい碑が建て直されている。

なお、新人物往来社『江戸史跡事典（下）』は、この災害は津波ではなく「台風による高潮」とするが、前記したように小田原から江戸まで震災と津波被害が及んでいることから、明らかに相模湾トラフを震源とする関東大震災同様の地震・津波だった、と思われる。

この寛政三年の大地震・津波の八十八年前、元禄十六年（一七〇三）旧暦十一月二十三日、

江東区の深川地区にある２基の「津波警告の碑」

（平久橋西詰北側）

（洲崎神社境内）

深川・洲崎付近

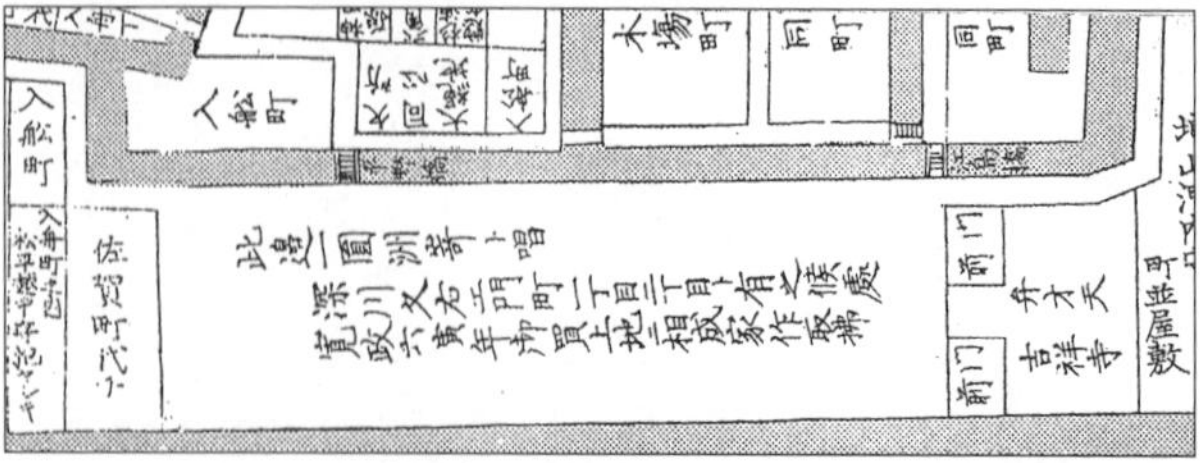

近江屋板切絵図（ちくま学芸文庫『江戸切絵図集』より）

相模湾を震源とする推定マグニチュード七・九〜八・二という元禄関東地震が起きた。大正十二年の関東大震災を一回り大きくした規模の大地震で、津波は房総半島東岸から伊豆半島沿岸一帯を襲った。現在の東京湾内でも、二、三メートル規模の津波が押し寄せたらしい。

寒川旭《さんがわあきら》『地震の日本史』（中公新書、二〇〇七年）が引用する『徒歩目付千坂覚書《かちちさか》』には、「品川の海から大津波が打ちあげてきて、浜のほうへ逃げ出した者は、そのためことごとく波に捲《ま》きとられた」と書かれているという。

3　旧国名「石城」を巡る災害史

八世紀、日本列島は災害が続いた

今回の東日本大震災と原発破損事故で、福島県の「浜通り」という汎称がすっかり有名になった。この広域称は中通り・会津とともに福島県を三区分する名称である。

「〜通り」と称するように、歴史的な交通路に沿った名であるとともに、会津盆地を流れる阿《あ》賀《が》川（下流の新潟県側では「阿賀野川《あがのがわ》」と呼び、この名が一級河川の水系名でもある）流域、宮城県南部で太平洋に注ぐ阿武隈川上・中流域と太平洋沿岸を三区分する自然地理区分にも合致している。

浜通りは古く大化前代の豪族支配（西洋史の概念では部族社会）時代には、石城国造《いわきのくにのみやつこ》に支配されていた地域である。律令制下の国郡制では浜通り南部は常陸国に属したが、白雉《はくち》四年（六五三）に常陸国多珂《たか》郡の北半部を割いて石城郡を置き、陸奥国の一郡とした。

さらに養老《ようろう》二年（七一八）、陸奥国の石城・標葉・行方・宇太《うた》・曰理《わたり》の五郡に常陸国の菊多《きくた》郡を合わせて石城国が設置された。その直後の神亀《じんき》元年（七二四）、陸奥国で蝦夷《えみし》の大乱が起き多賀城が置かれるのと前後して、石城国は再び陸奥国に併合されたらしい。

この時代、律令制国家体制確立が急がれた半面、日本列島は毎年のように災害に悩まされていた。『続日本紀』などには、この時代、諸国で地震・大雨・大風（台風か）・山崩れ・大水（洪水）・破堤・旱害《かんがい》（日照りによる凶作）・蝗害《こうがい》（イナゴによる不作）などの災害が相次ぎ、また疫病も毎年のように諸国で蔓延した記事が載っている。

朝廷はその都度、貢租を減免したり、祈雨《きう》（雨乞い）や追儺《ついな》（悪鬼を追い払うこと）の行事をとり行ったり、義倉《ぎそう》（災害・不作に備えた公的な食糧備蓄倉庫）を開いて賑恤《しんじゅっ》（被災者・弱者に対する物資救援）したりして対処している。

律令制国家が成立してから急に災害が増えたわけではなく、中央政権が積極的に各地の災害を掌握、記録し、それに対処しようとしていたと見るべきであろう。中国では「黄河の治水こそ天子の使命」であり、それができない天子はその資質を問われ、易姓《えきせい》革命が起きて王朝は交替させられた。

今回の東日本大震災に際して、与野党の政治家がほとんど政局がらみの思考と行動しかできず、地方の首長らは自己保身に終始し、中央官僚は取るべき施策をサボり、果ては責任を取るべき連中が逆に焼け太りしてしまったりしているのと比べれば、古代人は真面目だった。

浜通りの元「石城」の原点はどこか

律令制国家体制の成立期、その辺地への適用・浸透に対しては現地での抵抗も大きく、陸奥国や越後国では国司が管轄する諸国の軍団が動員されたり、中央から派遣された遠征軍がしばしば出動している。

石城国が設置される三年前の霊亀《れいき》元年（七一五）、『続日本紀』に、「相模・上総《かずさ》・常陸・上《こう》野《ずけ》・武蔵《むさし》・下野《しもつけ》六国の富民千戸を陸奥に移す」と記されている。この記事から、陸奥国の郡・郷名のうちこれら六国の郡・郷名と共通するもの、たとえば陸奥国行方郡の名は常陸国の同名の郡・郷からの移民による地名の移動だとする論があった。

しかし、前述したように、地形など同じような条件の場所には、同一言語圏なら同じ名が付けられる「別地同称」という現象は、どの民族・言語集団を問わず世界共通の原則である。だから私は、三十年前の『古代地名語源辞典』においては、地名移転説を紹介しつつも極力、共通する語源を探ろうと努めた。

ところが今回の大震災において、津波で沿岸の町や村が壊滅的な被害を受けた惨状を目の当たりにして、やや考えを改めざるを得なくなった。壊滅した地区に他地から集団で移住者が入植した場合、その故地の名を名乗ることもありうるか、と考え直したのである。

その一つの例として、元々は常陸国の郡・郷名だった「磐城」の地名について、改めて考察を加えておこう。

古墳時代、磐城国造の地は聖地だった

石城国造の名は、文献上『古事記』神武天皇東征記に「道の奥の石城の国造」の名として出てくるが、これは大化前代の地方豪族の名の一つとして挙げられたもの。その石城国造が拠点とした地は、多くの論者が説くように、福島県いわき市中心部を流れる夏井《なつい》川下流南岸近くの荒田目《あらため》地区一帯と考えてよいだろう。この地には、径三七メートルの巨大円墳で国指定史跡の甲塚《かぶとづか》古墳ほか古代遺跡が集中する

今回の津波は、夏井川河口から二・五キロほど遡上しているが、この甲塚古墳には達していない。すぐ東側に上大越《おおごえ》地区の丘陵が北の夏井川方向に向かって張り出しており、津波の浸入を妨げたのであろう。もちろん、この地が何時の津波でも被害を免れるとは限らない。

いわき市平の荒田目付近

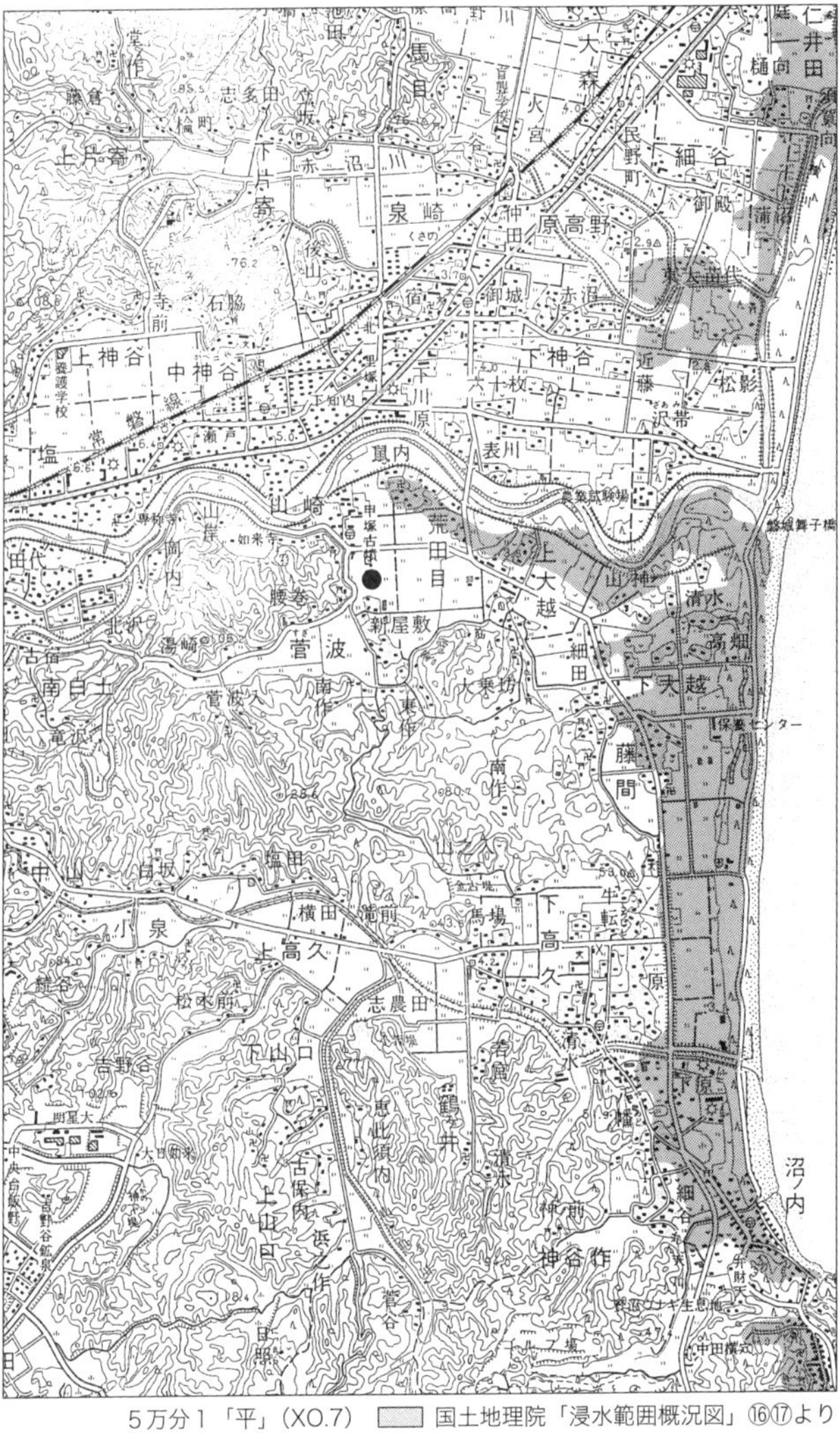

5万分1「平」(X0.7)　▨ 国土地理院「浸水範囲概況図」⑯⑰より

しかし、巨大円墳の築造の地に選ばれ、その円墳が千数百年間、津波で破壊されることなく存続してきたのは、厳然たる事実である。

すなわち、夏井川とその南の滑津《なめづ》川がつくる平野の南側に張り出した標高一〇〇～一二〇メートル級の豊間《とよま》丘陵こそ「石城」の名の原点と私は考えている。

この丘陵の東端は太平洋に突き出る塩屋埼で、この付近は今回の津波の被害をほとんど受けていない。

地震と津波に脅かされ続けた古代人にとって、「石城」の地はその被害を比較的受けない聖地だったろう。以下のように古代・陸奥国に点在する「磐城郷」は、移住した人びとの故郷の地名であるとともに霊力ある地名として移されたのではないか。

磐城郷はいずれも津波に洗われる地

その証拠として現・宮城県域にあった「磐城郷」三カ所はいずれも沿岸にあるか、あるいは内陸でも今回の津波の被災地、もしくは高速道路などの現代の構造物がなければ被災しただろう地にある。

まず、名取郡磐城郷は、吉田東伍《とうご》『大日本地名辞書』では名取川中流の現・仙台市太白《たいはく》区の旧・生出《おいで》村付近とするが、これは「磐城」の字面に囚われた誤比定であろう。村岡良弼『日本地理志料』は名取市中心部の増田地区や前述した余田地区に比定する。「余田」は中世まで荒蕪《こうぶ》地として残されていた可能性もあるが、私は村岡説のほうが妥当だと思う。

次に宮城郡の磐城郷は、吉田東伍は現・松島町あたりとし、村岡は多賀城市から七ケ浜《しちがはま》町付近としている。これも、私は村岡説に軍配を上げる。松島町は歌枕名所として都人《みやこびと》に意識されてから注目を集めたが、わざわざ他地から移住させるような余地はない。

もう一カ所、桃生《ものふ》郡の磐城郷については吉田も村岡もともに、のちの本吉《もとよし》郡の地と推定しており、地元の研究者の説の中には現・南三陸町志津川あたりとするものもある。

南三陸町志津川は、今回の津波で町民に避難を呼びかけ続けて、自らは防災庁舎で津波に飲まれた女性職員の悲劇の地であった。あれだけの被害を受ける地だから、古代のある時期の津波でも相当な被害を受けた可能性が高かったはず。

今回の津波でもう一つ、大きな悲劇があった。地震の直後、石巻市釜谷《かまや》の大川《おおかわ》小学校の児童・教員ら七十余名が校庭に集まり避難先を検討している間に津波に飲み込まれ、犠牲となってしまった。この釜谷のカマも序章で解説した神奈川県鎌倉市と同じく、「(天然自然に)嚙まれたような凹型の地形」の地であった。

その大川小学校の悲劇もさることながら、その北約二キロ、北上川の対岸にあたる石巻市北上町十三浜字追波《おっぱ》に釣石《つりいし》神社がある。その名の通り、境内には崖から釣り下がったような大岩が四個あり、昔からどんな大地震でも揺らぎ落ちることなく、大津波にも微動だにせず耐えて残ってきた、という。「今にも落ちそうで落ちない」ことから、「受験の神様」として広く宮城県内一円から信仰を集めている、という（「東京新聞」夕刊、二〇一一年九月七日付）。

この記事を目にして、私は桃生郡の磐城郷は、あるいはこの追波の地だったか、と思い始めた。日本人は縄文時代、一端または両端を瘤《こぶ》状に盛り上げて男根に見立てた石棒をつくり、後世に再発見された石棒を「石神《しゃくじん》」として祀ってきた。弥生時代、円形に並べた磐座《いわくら》（ストーンサークル）は神々の依《よ》り代《しろ》（神々が乗り移ったもの）として崇められてきた。

だから、地震・津波の多い東北の地で、微動だにしない大岩が神意を示す依り代として信仰の対象となっても不思議はない。陸奥国に点在する「磐城」の郡・郷の名は、人びとのそのような「防災」の願いを反映したものかもしれない。

なお、この石巻市北上町十三浜字追波の「追波」という地名も、津波常襲地区であることを暗示するような地名である。また、釣石神社の西一・五キロの大沢川の谷は、前述した「女川」の地でもある。対岸の釜谷も合わせ、この地方を常に襲う津波の脅威を思わざるをえない。

千数百年前の津波でも、今回の被災地はいずれにしても大きな被害を受けた。その後も数百年ごとに、津波という自然の脅威は人びとの生活の安寧を脅かし続けた。

それでも、陸奥国の住民たちは必ず立ち直り、営々として子孫に生命を繋いできた。地名が

北上川河口近くの女川・釣石神社・大川小

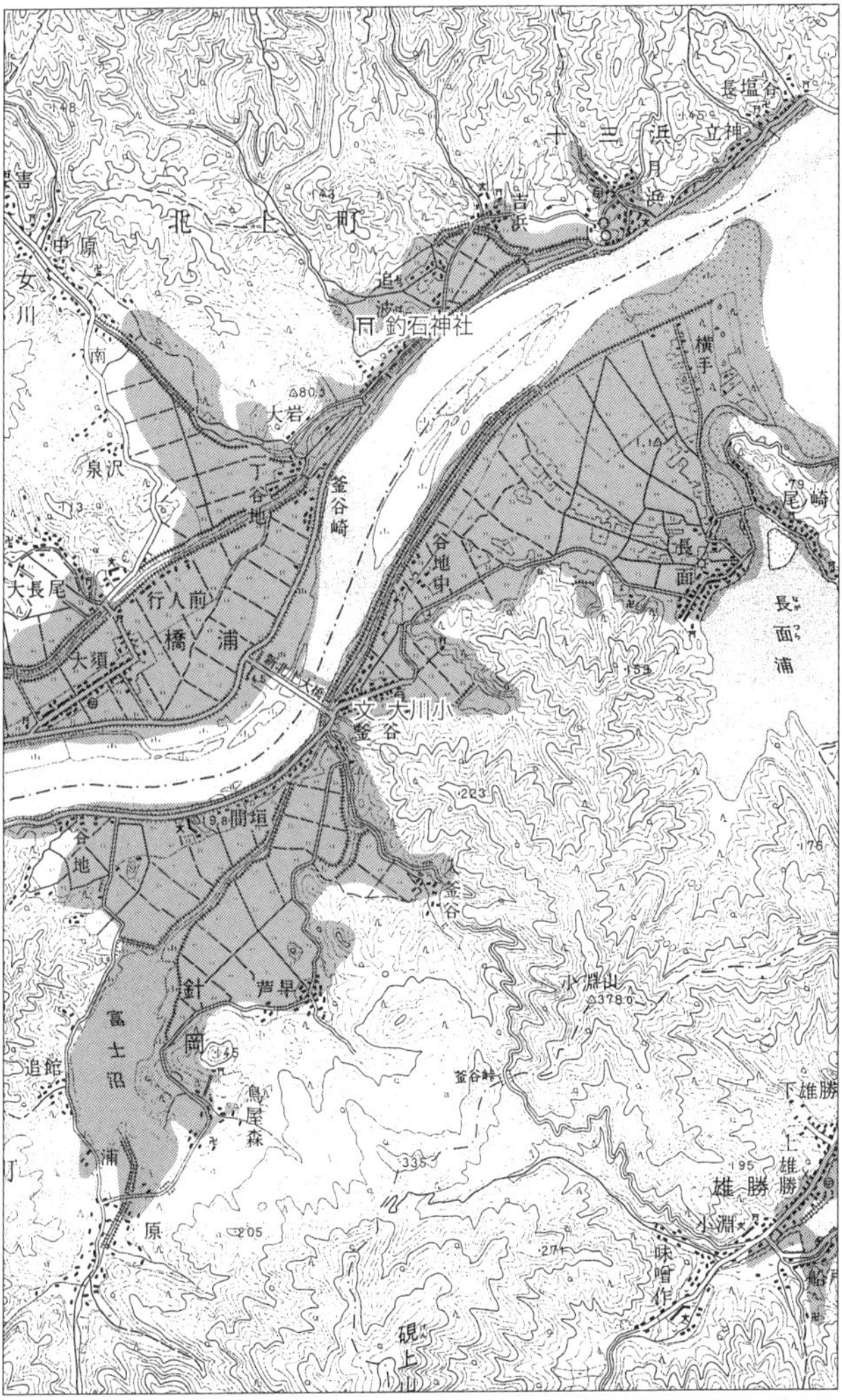

5万分1「登米」(X0.7)　▒ 国土地理院「浸水範囲概況図」⑪より

語る歴史の一端から、我々は祖先の英知と勇気と辛抱強さを学ばなくてはなるまい。

4 ケセン（気仙）地名の謎が解けた

宮城・岩手両県にまたがる「気仙」地名

今回の大震災の全貌がようやく見え始めた三月下旬、同年輩の友人から電話があった。「〈気仙〉という地名は宮城県か、岩手県か、どっちが本当なんだ」という質問だった。この友人は地名研究者ではなく、語調からすると私の主張してきた「地名の僭称はダメ」という議論を再確認したい様子だった。

今回の被災地の中で、原発事故の福島県浜通りの各地を除けば、地震・津波だけの被害は宮城県北東部から岩手県の三陸海岸南半に集中していた。なかでも、被害が大きかったのは宮城県気仙沼市から岩手県大船渡市にかけてで、ＴＶの中継映像が連日のように流された。

彼の見たＴＶ番組は、宮城県気仙沼市と岩手県陸前高田市の旧・気仙町地区の名が解説抜きに何度も紹介されるので、どちらが正しいのか私の見解を訊ねたということだったらしい。

のちに任命されて日が浅い松本龍・防災担当大臣が、失脚する原因となった失言をする宮城県知事との会談の冒頭、「地名もややこしくて」云々の発言も、この両県にまたがる「気仙」

のことだったようだ。

友人の質問に対する回答には三分間ほど要したが、結論をいえば「気仙は両県にまたがる」という現状追認が正しい、ということになる。

平安前期の承平年間（九三一〜三八）に編纂された『和名抄』国郡郷部には、陸奥国気仙郡は西に登米《とよま》郡、南西に桃生《ものふ》（のち「ものう」）郡と牡鹿郡があるから、気仙郡の郡域は現在の宮城県北東部一帯から岩手県の釜石市南部まで及んでいた、と思われる。

ややこしいのは平安末期に桃生郡の東、気仙郡の南に摂関家《せっかんけ》領の本良《もとよし》庄が成立し、南北朝期になって「本良郡」の名が登場したことだ。

一方、承平年間をわずかに遡る延長《えんちょう》五年（九二七）に完成した『延喜式』神名帳には全国三一三二座二八六一社の神社名が掲載されているが、陸奥国牡鹿郡に「計仙麻《けせま》神社」が一社、桃生郡と気仙郡に「計仙麻大嶋神社」が各一社ある。この「計仙麻」を冠する計三カ所の神社を現在のどの神社と見るか、なかなか難しい問題である。

気仙は「自然堤防」のことか

このように、気仙郡の所在については、桃生郡・牡鹿郡との境界が錯綜《さくそう》していたらしく、にわかにその位置と範囲を定めがたいのである。そこで私は、平成十八年五月から「東京新聞」

サンデー版の「地名は生きる」の「由来」コーナーで宮城県気仙沼市を取り上げ、「気仙」とは「崖・自然堤防」をいう古語キシの転訛で、「北上川下流の沖積地に何列も延びる自然堤防のことか」と解説した。

キシは「崖」や「陸が水に接する所」をいい、「キリ（断）イシ（石）の約略（大槻文彦『大言海』）」「ケハシ（嶮）の転（貝原益軒『日本釈名』）」「キハシ（硝）の義（『言元梯』）」などの語源説があるが、あるいはキサ（階・象・刻）に繋がる語かもしれない。

その論拠としては、私の郷里（岡山県児島《こじま》半島）ほかで棚田や段畑の間の傾斜した面をケシと呼ぶことを挙げた。キシとケセは、二音節とも同行通音現象として説明できる。

なお「東京新聞」のコーナーでは、津波のことには一切触れていないが、今回の災害で一本だけ残った松が名物となった国名勝指定地の「高田松原」なども海岸の自然堤防だった地で、自然堤防をいうキシが地名になっていたとしても不思議はない。

大崎平野の北半部を占める登米《とめ》平野は、北上川の本・支流が錯綜して流れる一面の沖積《ちゆうせき》低地で、各河川の堤防だけでなく各時代の海岸線に沿って何重もの自然堤防が見られる。それらの自然堤防は、それに続く時代に襲ってきた津波を防ぐ役割を果たしてきたはずであった。古代の登米郡にある「計仙麻神社」は、そういう自然の威力を祀ったものだったかもしれない。

一方で、連日報道されたTV番組の一つで、「松が一本だけ、この風景から消されずに、けなげに残っています」という女子アナウンサーの思い入れたっぷりの実況を耳にしながら、「そうか、動詞ケシ（消）もあるか」と、ひとり得心していた。

長崎県雲仙・普賢岳の名は、〈はじめに〉で述べたように地元民が「吹かぬ（噴火しない）よう」という願いから命名された可能性が高い。であるなら、数百年ごとに東北沿岸を襲って家も家財も田畑も舟も奪い消し去る津波は、雲仙・普賢岳の噴火以上の災厄ではないか。ならば、津波が来襲しても命と財物をすべて奪い去り眼前から消し去ることがないよう願うのは、当然だろう。地元民はいわば「俗語源説」として「消す」を意識したのだろう。

そうであるなら、神社名の「計仙麻」は、他動詞ケス（消）の否定動詞ケセヌの語幹ケセに「空間」を示すマが付いた語形か。その語尾のヌにしてもマにしても、撥音化すればンと発音される。これに二字の漢字を当てれば「気仙」になる。

一方、「計仙麻」に助詞ノを加えて発音すれば、ケセ・ノ・マになり、これを漢字で表記すれば「気仙沼」になる。私は「東京新聞」の記事執筆以前からずっと、気仙沼市に沼のあった痕跡がないか、伊能忠敬《いのうただたか》の測量図や明治前期の古地図を探し続けてきた。気仙沼の由来が「計仙ノ麻（間）」なら、沼がなくても説明できる。

今回の津波は被災者にはまことにお気の毒だったが、地名研究者には永年の疑問に答えてくれた、という効用もあった。まことに苦い収穫だったが、願わくは、住民も為政者も先人が残してくれた地名という警告に、今後も十分に留意していただきたいものである。

5 迷走する地名問題

陸奥国標葉郡標葉郷のシメハとは?

山形県鶴岡《つるおか》市の南部、平成十七年(二〇〇五)十月に同市に合併した旧・朝日《あさひ》村大網《おおあみ》地区に「七五三掛」と書いて「しめかけ」と呼ぶ小集落がある。月山《がっさん》火山西麓の火山灰地にあるが、平成二十一年二月、この地で大規模地すべり災害が発生した。

山間《やまあい》の小集落だから犠牲者が多数出たわけではないが、東京のTV局も何社か、朝のワイドショー番組で取り上げていた。女子アナだったかが、「七五三という目出度い地名なのに、なんでこんな事故が起きるんでしょうね」と呟いていた。要するに「七五三掛」という目出度いはずの地名と現実とのギャップが、各TV局を動かしたのだろう。

女子アナはご存じなかったのだろうが、「七五三」という語は必ずしも目出度いだけの言葉ではない。

幼児、とくに女児が晴れ着を着てお宮参りをする風習は、日本人独特の麗《うるわ》しい行事ではある。だが、シメ(標、占)とは本来、朝廷・貴族や神社の占有地など神聖な土地に標識を立てて

「不浄なものの立ち入り禁止」を示したこと、その土地のことである。

『万葉集』巻一 ‐ 二〇に載る額田王《ぬかたのおおきみ》の、

あかねさす　紫野《むらさきの》行き標野《しめの》行き　野守《のもり》は見ずや　君が袖振る

という歌は、知っている人も多いだろう。シメという言葉は、今の若者向きの表現をすれば、「バリアー（結界）を張る」というにほぼ等しい。

この用語に「七五三」の数字を当てるのは、その標識に使う注連縄《しめなわ》の縄を、左綯《よ》りにして七筋、五筋、三筋に綯り垂らすことから、義訓《ぎくん》文字として使ったもの。先の「七五三詣《もう》で」は、幼児の三歳・五歳・七歳の成長の節目に、人生の安全と潔斎《けっさい》を願う行事である。

したがって、「七五三」の文字面を見て即、「目出度い」とするのは早とちりである。この地名は、過去にもずっと「地すべり危険地帯」と認識されていて、「むやみに開墾の鍬を入れるな」というタブーの地だった。

地名語尾の「掛」は脆《もろ》い火山灰地の先端のガケ（崖）のことである。ガケという地名用語は動詞カケル（欠）が語源だから、「七五三」という文字から「目出度い地名なのに」などと甘く見てはならないのである。

しかし、何らかの禁制がかかったこのシメ地名に「七五三」を借字するのはむしろ例外的で、『万葉集』巻一―二〇と同様、「標」の字を使うのが普通である。

和語で「占有」の意のシメに「標」の文字を正訓文字として使うのは、占有地・禁野《きんや》に注連縄（七五三縄）などそれと分かる標識を立てて目印としたからである。

ところで、序章の福島第一原発の立地が適切だったかの問題に関して、もう一つ指摘しておきたいことがある。古代の郡・郷名から判断しても、この場所にある種の危険性をぬぐいきれない原子力施設を建てるのはやはり問題だったろう。

古代の郡・郷名で「標葉」というのは、全国でもここ陸奥国の郡・郷だけである。郡域は現在の双葉郡浪江町から南へ双葉町・大熊町の一帯とされる。標葉郷のほうは、双葉町から大熊町にかけての一帯で、郡名を負った郷に郡衙《ぐんが》（郡役所）が置かれる例が多いことからして、双葉町郡山《こおりやま》付近が標葉郷の所在地だったと推定できる。

この「占有し立ち入りを禁じた場所」は、なぜそんな地名になったのか。次ページのこの地域の「浸水範囲概況図」を見ていただきたい。今回の津波の被災状況は、浪江町の請戸川下流域に続く双葉町の前田川下流域で激しく、次いで大熊町の熊川下流域もかなりやられている。

つまり、四世紀ごろにあったと思われる大津波にこの付近（福島第一原発を挟んだ南北一帯）はかなりの規模の浸水被害を受けた。

福島第一原発付近

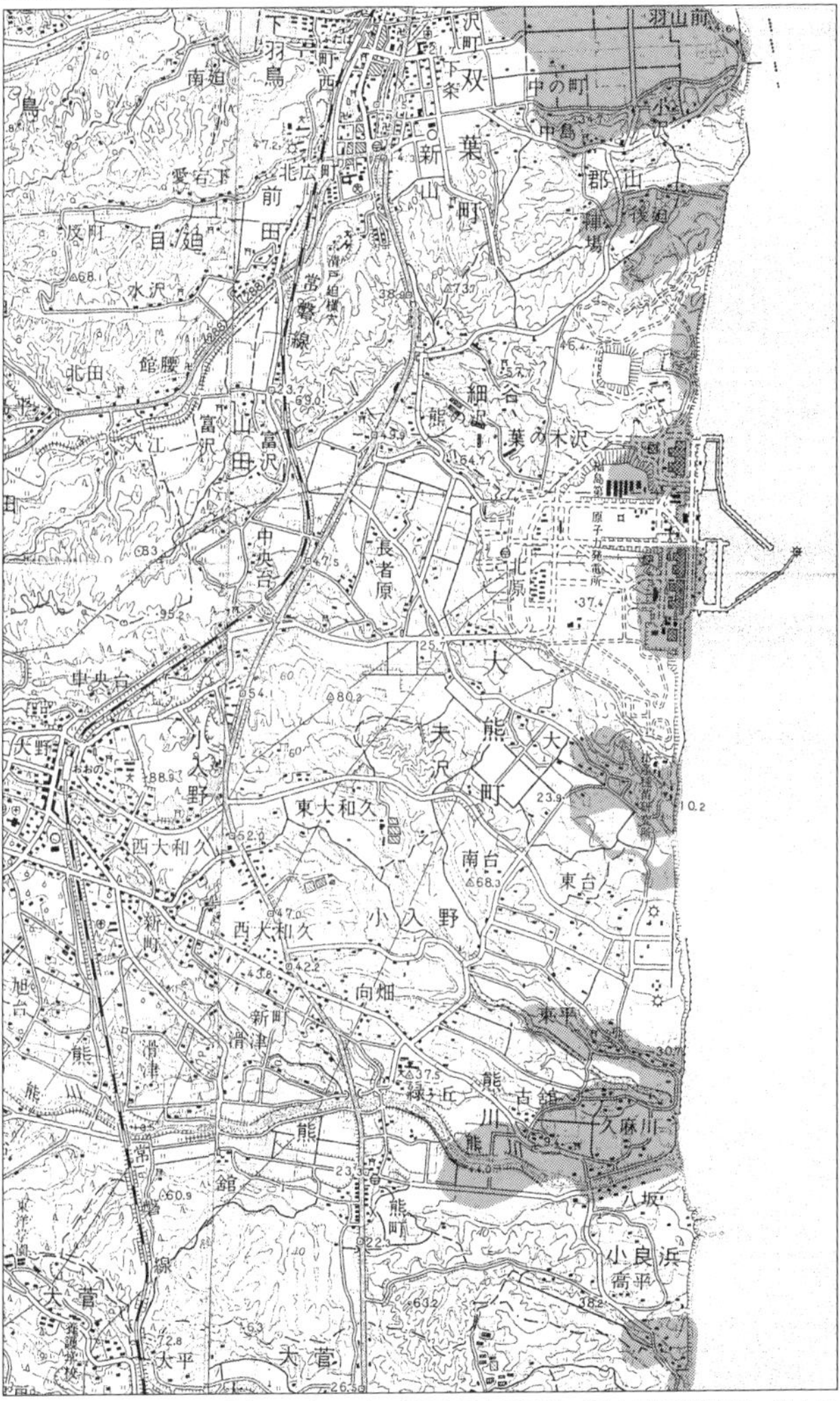

5万分1「磐城富岡」・「浪江」（X0.7）　▒ 国土地理院「浸水範囲概況図」⑮より

この双葉町・大熊町には縄文期の遺跡は点在するが、弥生期や古墳時代の遺跡は北の浪江町にはかなり密集するのに対して、南の二町にはほとんど見られない。ということは、丘陵・台地が多く水田適地が少ない双葉・大熊両町では、四世紀の津波来襲まで開田がされていなかったからだと思われる。

津波の来襲は、災難であった。ところが、地元住民やその指導者にとっては、どこが開田可能な土地か、災難だったはずの津波の水が目に見えるような形で示してくれた。そこで住民らは指導者の指示のもと、開田可能地を囲みシメを張って乱開発を防ぎ、力を合わせて田を開く作業を開始した。これが「標葉」という郡名・郷名から私が推測した古代の現地の姿である。自然の脅威にほとんどなすスべもない現代の中央・地方の政治家・官僚の無策を見るにつけ、この災害列島で災害に学び、「災いを福に転じ」てきた先人の英知と努力に、はるかに思いを馳せるのみである。

双葉郡という意味不明の新郡名

さて古代の行政区画では、陸奥国標葉郡の南には磐城郡が置かれ、標葉郡のすぐ南に接する磐城郡の北端には楢葉郷が置かれていた。この磐城郡一二郷のうちの楢葉郷が、近隣のいくつかの郷とともに楢葉郡として建郡されたのは平安前期ごろか（吉田東伍『大日本地名辞書』）。

文書上に郡名が出てくるのはずっとのちの南北朝期で、郡域は現在の富岡町・楢葉町・広野町といわき市の北部一帯だったであろう

古代の磐城郡楢葉郷は、現・楢葉町から富岡町南部にかけての一帯で、丘陵と台地が広がる地形をナラ（均）ハ（場）とよんだものだろう。ついでに言うと、ナラの地名については、昭和四十年代から金達寿《キムダルス》・司馬遼太郎らが韓国語のナラ（国土・都）から「平城京は渡来人が朝鮮語で命名したもの」という説を立て、一種の朝鮮語地名ブームを引き起こした。私はこうした渡来人史観に異を唱えるために、本格的に地名研究を志した者である。

古代からの標葉郡・郷と楢葉郷（のち郡名ともなる）は、中世には「標葉庄」の名もあったが、近世から明治前期まで継承されてきた。ところが明治二十九年（一八九六）四月、近代郡制の施行に伴い福島県では標葉郡と楢葉郡の一部を合わせて新たに「双葉郡」とした。標葉・楢葉の二つの「葉」だから「双葉」になるという論理であった。

形式上は一見もっともらしく、何の問題もなさそうに見えるかもしれないが、こうした地名処理は、歴史的伝統的地名を切って捨てる結果になる。

「双葉」という新地名誕生の裏で、「標葉」も「楢葉」もその本来の意義がまったく抹殺された。何の意味もない双葉郡という名の地だったからこそ、危険性を多分に孕《はら》んだ原発がすんなり受け入れられた、ともいえる。

今、原発依存政策の再検討が叫ばれている。それに留まらず、今こそ、明治以来百四十余年の近代化政策全般が、徹底的に再検証されなくてはならない。でなければ、日本は「国栄えて山河なし。民いよいよ貧にして苦」の状況から逃れられないことになるだろう。

井上ひさし『吉里吉里人』の舞台はアイヌ語関連か

井上ひさしの『吉里吉里《きりきり》人』は奇想天外で、しかも近代日本の様々な問題を考えさせる小説であった。『吉里吉里人』は最初、昭和四十八年（一九七三）に創刊された筑摩書房の新雑誌「終末から」に掲載された。井上の『吉里吉里人』は、東北の問題（私には、日本の辺境一般の問題だったが）、方言問題、地域の自立などのテーマが当時の私の知的関心と重なっていたので、「終末から」誌は終刊まで購読した。

そのころ、私はまだ本格的な地名研究には着手していなかったが、もともと地名少年だったから井上作品の「吉里吉里」が岩手県上閉伊《かみへい》郡大槌《おおつち》町の大字だということぐらいは題名を目にしただけですぐに分かった。

ただし、小説の舞台は当時の東北本線沿線の内陸という設定だった。

現実に存在する地名をフィクションの舞台の名として使うという手法は、ほかならぬ岩手県出身の宮沢賢治もよくやっている。本格派の探偵作家・横溝《よこみぞ》正史は岡山県（横溝は戦時中、父の郷里である現・総社《そうじゃ》市岡田《おかだ》で療養生活を送っていた）の地名あれこれを巧みに作品の題名ほかに採り込んでいる。

ところで、ある地名がアイヌ語起源かどうかについては、私は知里真志保『地名アイヌ語小辞典』をまず参照することにしている。明治期の永田方正『北海道蝦夷語地名解』などで取り上げられた説が戦後も永く継承されてきたが、知里はこれらを厳密に検証して「幽霊アイヌ語」を厳しく非難している。

知里は一般に無条件でアイヌ語起源と断定されがちな河川名語尾の「ナイ nay」と「ペッ pet」の用例が北海道内・樺太《からふと》・千島で微妙な違いがあることを指摘したあと、

pet は本来のアイヌ語で、nay の方は外来らしい。

と述べている。なお、キリキリ kiri-kiri については知里のほか、金田一京助や更科源蔵《さらしなげんぞう》もそろって、アイヌ語の擬音語キリキリで「鳴き砂海岸」のこととする。何でも北海道せたな町太《ふと》魯《ろ》に同名のキリキリ浜があるという。

擬音語の場合、各民族語によって微妙な違いはあっても、似て来るのは当然で、三陸海岸の吉里吉里を即、アイヌ語と断定するのもいかがなものかと思う。また渡島《おしま》半島西岸の太魯あたりは早くから和人との混住地で、この地にあるからアイヌ語だと断定するのも、やや性急にすぎるのではないか。

「吉里吉里」は津波が「舞う」地か

日本語の擬音として考えるならば、「キリキリ」に続く後は「舞う」か「痛む」になる。そこで私は、昭和五十八年に共編著した『地名用語語源辞典』で、「きり」の項に、

⑧擬音キリキリから「鳴き砂」を示す地名か。⑨旋回（〈方言〉和歌山県伊都郡）。渦・渦巻（〈方言〉愛知県中島郡）。

と解説した。

ところがその数年後、東北地方を一周して各市の「旧町名標識」設置状況を調査したついでに、盛岡市の盛岡第一高校で開かれていた県地名研究会の集会に前もって連絡を入れて参加したところ、ちょうど小島俊一氏が私の辞典の「キリキリ」説について、批判論を展開している最中であった。

私の辞典は、アイヌ語説も挙げてあるし、それを全否定しているものではなかった。キリキ

岩手県大槌町吉里吉里付近

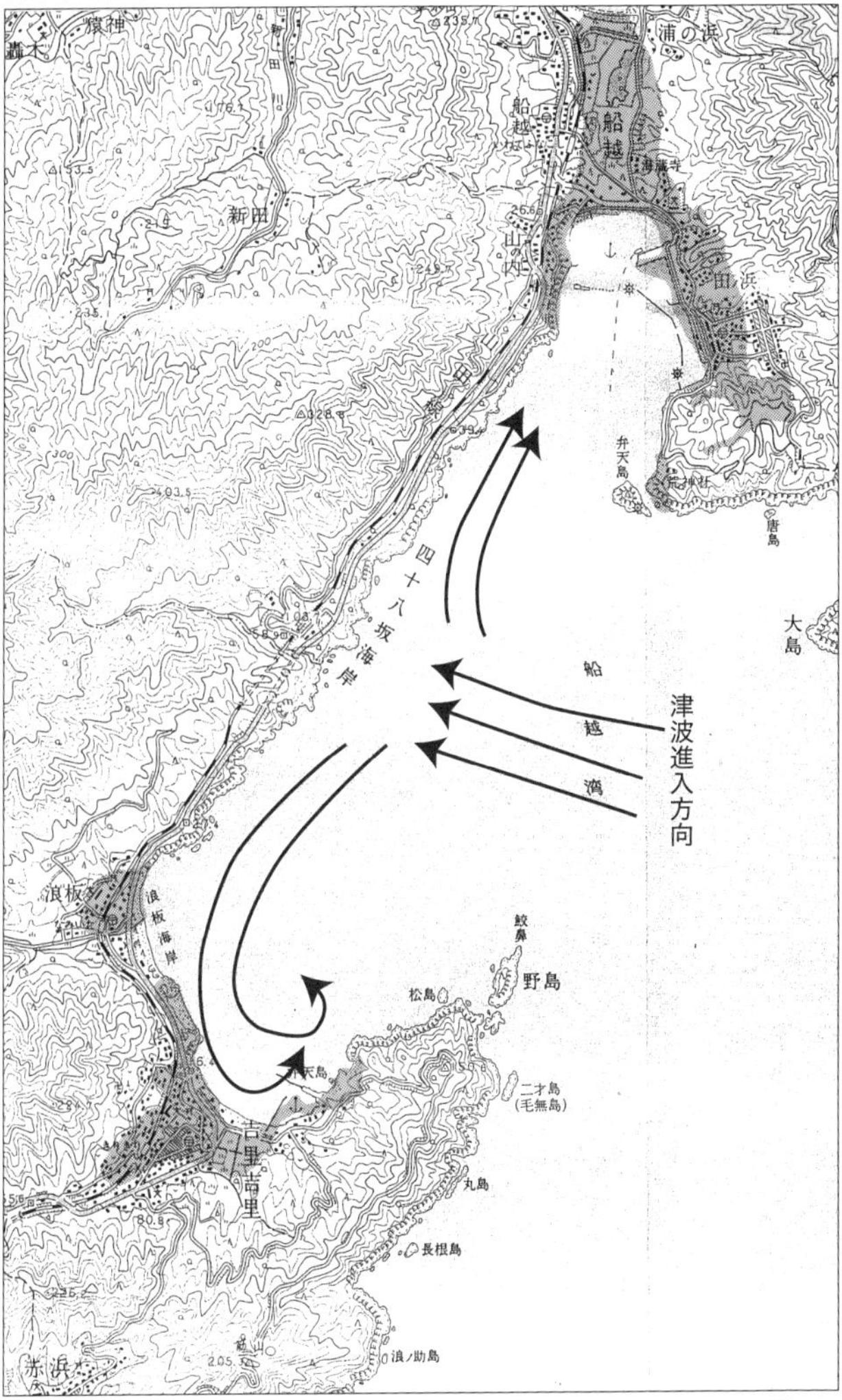

5万分1「大槌」(X0.7)　▒ 国土地理院「浸水範囲概況図」⑦より

リ自体がアイヌ語と断定できるわけでもないし、日本語とすれば「旋回」とか「渦」の意味も考えるべきではないか、という提言のつもりであった。

ところが地名＝アイヌ語論者の中にはアイヌ語説に少しでも疑問を呈すると、もう親の敵《かたき》でもあるかのように食ってかかる人たちがいる。小島氏もそうだったか、とガッカリさせられたのであった。

今回の津波で、吉里吉里のある大槌湾の映像は目にしていない。だが多くの湾に来襲した津波の映像からは、「吉里吉里はやっぱり、大槌湾内（その湾奥部は船越湾）に押し寄せた津波が二手に分かれ、左旋回した流れがグルグルと回る地ではないか」と想像させられた。

そう考えれば、「石巻」などの地名の解釈の手掛かりにもなるかと思われる。

安易な地名変更政策の果て

津波や原発事故の脅威とは直接の関係はないが、ここで郡・郷名の処理の問題について一言、言わせていただきたい。

私は三十年余り前から、「歴史的伝統的地名」の保存を訴え続けてきた。本書で繰り返し指摘していることは、古い地名を分析することによって、それぞれの土地に関して、それぞれの時代の人々が後世の我々に何を伝えようとしていたのか、把握できるということである。

市町村合併や住居表示、そして観光開発などの目先の利益のために、過酷な自然と向き合いつつ、この列島に生活の足跡を止めてきた我々の先人の知恵と汗の結晶である珠玉のような地名を、たやすく変えてしまうのは愚の骨頂であった。

もし、市町村合併などで新しい名称が必要になるのだったら、その対象地域の範囲により近い歴史的地名を復活させ、一部修正して使えばよい。そのさいの原則は、①古いもの（地名）ほど由緒正しい、②適用範囲（地域）が合致したものにこそ歴史的地域的な整合性がある、③思いつき的な〝新名〟は採用しない――の、三点だけである。

日本の近代新政府は明治二十二年（一八八九）、新市町村制度創設にあたって地名（町村名）の変更を可とする政策を打ち出した。いやもっと正確にいえば、そうした地名変更政策は、明治初年から始まっている。幕藩体制の中核にあった旧藩、その支配体制の末端を担ってきた旧町村を解体し新統治機構に上から強制的に整合させるため、地名に手をつける安易な策を採用したのであった。

この政策は、中国の易姓革命の手法を踏襲したものでもあった。明治新政府の内務官僚は、旧習・旧慣を打ち破るために、手っ取り早いが後世に悔いの残る愚策に走ったわけであった。この方策は、列島の自然の摂理を無視して原子力発電に踏み切った戦後最大の政策ミスと基本的には同じ構図であった。

アジアで初めて近代化を達成した日本の手法は、一九一七年のロシア革命後の旧ソ連、一九四九年の共産党の中国革命でも模倣された。ともに地域社会の解体・再編の手始めとして、地名の変更に手を付けたのである。

自然環境の制約と地域社会の歴史・伝統を敵視した上からの社会改造は、旧ソ連でも中国でも見事に失敗し、人民に多大な苦痛をもたらした。その先駆者たる日本だけが、ひとり失敗に気づかず、相も変わらず合併という名の強制的社会変革、地名の強制変更を続けている、

今回の地震・津波への対応の遅れ、地域住民を疎外した形での復旧・復興の策定は、災害から自力で十分立ち直る力を持っているはずの日本の地域社会からその力を奪い、ボディブローのように日本の地域社会を痛めつけその解体を導いてゆくだろう。

II章

地名は災害の記録である

1 平成十六年、新潟県中越地震

「地震空白域」で起きた大地震！

平成十六年十月二十三日午後五時五十六分、新潟県中越地方を震度六強の大地震が襲った。のちに震源域に近い北魚沼《きたうおぬま》郡川口《かわぐち》町の町役場の震度計が震度七を記録していたことが判明、気象庁は同月三十日に数値を修正発表した。その惨禍は当時、各マスコミで連日にわたって詳しく報道されたので、みなさんも覚えておられるだろう。

地震発生直後から、例によって地震学者や地質学者がTVに登場し、地震の発生メカニズムや地質構造などを解説していた。この地震について、専門学者が指摘していたことで目新しかったのは「活褶曲《かつしゅうきょく》」（現在も進行中の褶曲運動）という用語だけだった。

新潟県中部は、秋田県中部とともに日本列島では数少ない産油地帯だった。その新潟平野や秋田平野周辺には、褶曲（地層が曲がりくねって変形すること）によって形成された断面が凸型をした背斜《はいしゃ》構造の丘陵がいく筋も走っており、その凸部に石油や天然ガスが滞溜しているのだ、とは中学の社会科地理の授業で教わった。

この中越地震の震源は、当時の山古志《やまこし》村付近とされる。この一帯は新潟市から長野市付近に延びる信濃川《しなのがわ》地震帯に属していることは、すでに地震関係の入門教養書で承知していた。

その地震帯のうち中越地方では文政《ぶんせい》十一年（一八二八）旧暦十一月十二日、現・三条《さんじょう》市から見附《みつけ》市あたりを震源として推定マグニチュード六・九規模の大地震が起きている（「三条地震」と呼ばれる）。

この新潟県中部の中越地方では、それ以降約百八十年間にわたって大揺れがなく、いわゆる「地震空白域」となっていたことは、専門学者の間では周知のことだったらしい。私はそのことは、『理科年表』の「被害地震年代表」を年代順にたどって確認した。

今から三十余年前、一度は断念した地名研究を改めてやり直そうと決断したとき、私は日本列島の地名の多くは災害と関連しているのではないか、と見当をつけていた。世界中どこでもそうだが、地名はその土地の特徴、まずは地形を表現したものになる。災害列島の日本では当然、災害関連の地形地名が数多くつけられているはず……。

だから、昭和五十八年に著した共編著の『地名用語語源辞典』では、地名用語項目ごとに現地の地形を参照し古語・方言と摺《す》り合わせて、積極的に「崩壊」に関する用語を拾っていった。方言用例にない場合でも、「常態が崩れる。緊張が緩む」意味の動詞の連用形（そのまま名詞化する）や動詞・形容詞の語幹と共通する用語は、ほぼ必ずその意味の注釈を加えた。たとえば、「苔」の字を使ったコケ地名は、「転倒する」意の動詞コケル（転）、さらにカケル（欠）

にも通じるから、崩壊地形を表わしたものではないか、と考えた。

以後、風水害・土砂災害・地震などの土地災害が発生するたび、私の仮説が妥当だったかどうか、検証してきた。これまでのところ、不幸な災害例が私の推説をいくつも実証しているし、むしろ私が三十年近く前に気づかなかった災害関連地名がこの日本列島には多数あったことを教えられている。

地名は土地情報の記録

這うようにして大地を拓き耕してきた日本列島に住む庶民＝農民にとって、災害は我が身に迫る直截的な危険であるとともに、その知恵と経験と情報は子孫に必ず伝え残さなければならないメッセージでもあった。

かつての日本の庶民は、地面を耕しその収穫の一部をひたすら権力者に貢納する身で、自らが筆を執って文書を記す立場ではなかった。そのような庶民が、特定の場所を誰言うとなく呼び始めた固有名詞が地名であるが、やがてそうした地名は権力者が認知しその配下の知識人たちが記録していった。

かくて目の前で災害が起きた地を、誰言うとなく地名として呼び始める。画家がキャンバスに絵を描くように、目の前の大地に記憶を残していった。それは、この災害列島に定住することを選んだ民の、ささやかな耕地と住み家を子々孫々にまで伝え残すため、代々引き継がれるべき血と涙と汗の結晶した営みでもあった。

この新潟県中越地震に見舞われた地の地名群も、彼ら在地の人々の現実認識、どの場所はどのような特性を持っているか、を伝えたものであった。今日の用語でいえば地形を認識する用語であるが、それはしっかりと子孫に、未来に伝えなければならない。地名こそは、それぞれの地域に定住する人々が未来に託した土地情報であり、子々孫々にまで語り継がれなければならない祈りでもあったように思われる。

2　芋川は「埋もれる川」だった

流域で土砂崩壊が多発する川

地震後、震源地の山古志村から南流して魚沼市（旧・北魚沼郡堀之内町《ほりのうち》）竜光《りゅうこう》で魚野川に注ぐ芋《いも》川の名は、連日の報道ですっかり全国に知れ渡った。この「芋川」は「芋の自生した川。芋類を栽培し、あるいは栽培すべき川」の意味では絶対にありえない。

イモ（芋）という語は『万葉集』巻一六－三八二六、長忌寸意吉麻呂《ながのいみきおきまろ》の短歌に、

5万分1「小千谷」(平成4年修正)

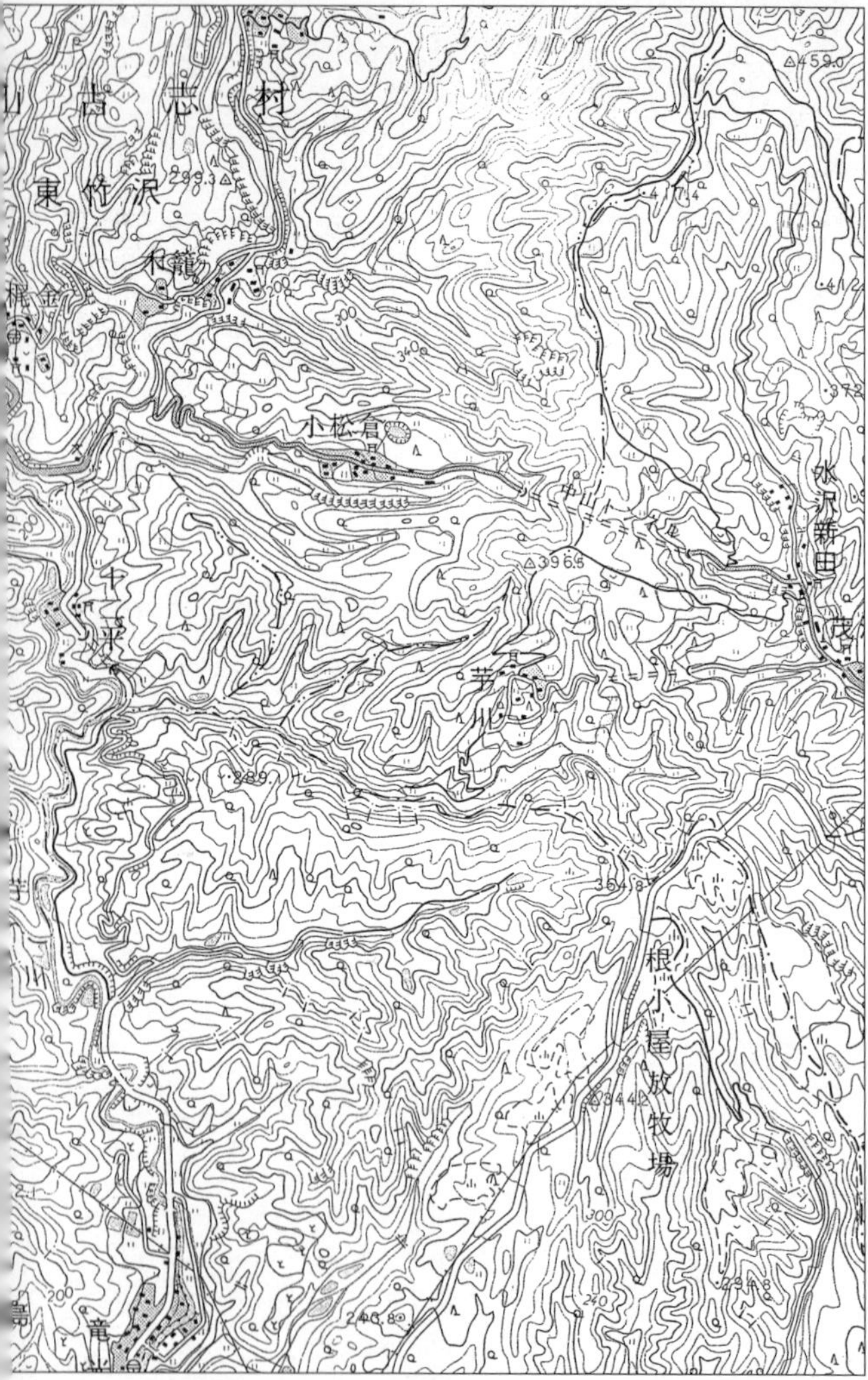

旧・山古志村付近

荷頃
菖蒲
向田
野
荷頃
薬師山
蘭木
雨乞山
荒谷
大日山
塩谷
塩谷
峠
相川
武道窪
木沢
牛首
竹田
川口
中
山
越自動車道
原新田
八郎場

蓮葉《はちすは》は　かくこそ有るもの　意吉麻呂が　家なる物は　宇毛《うも》の葉にあらし
（蓮の葉とはこういうものだよ　意吉麻呂の家にあるのは芋の葉だろうよ）

とあるように、「芋」は古くはウモと発音されたらしい。そのウモとは「（地中に）埋もれたもの」という意味にほかならない、というわけだ。

中越地震の震源域を流れる芋川とは、まさに「埋もれる川」そのものであった。126ページの五万分一「小千谷」図には記載はないが、二万五千分一「小平尾」図には旧・山古志村南部の梶金《かじかね》集落の南で芋川に注ぐ支流の名に「土留川」と注記されている。土留川とは、文字通り「土砂で堰《せ》き止められた川」のことである。

ただし、地震六年後に改測された同図更新版では「土留川」は「神沢川」となっている。新潟県中越地方では文政十一年、今回の震源よりやや北方、現・三条市と見附市付近を震源としてマグニチュード六・九の激震が発生しているが、そのおりにも芋川流域が無傷であったとは思えない。

「芋〜」・「伊毛」地名の分布が示すもの

ちなみに、「芋川」という河川名は全国に七カ所あるが、そのうち三カ所は新潟県内、しかも震災被災地の中越地方を流れる（ほかに新潟県中越地方には「芋川沢川」という名の河川が二カ所ある）。また、集落（大字と小集落名）として、地震被災地とその周辺の中越地方には「芋〜」「伊毛」という語系の集落が七カ所もある。

先の河川名も含めて「芋」の字を使った地名（山川湖沼などの自然地名と集落名）は、全国に一五四カ所（うち新潟県には一九カ所）ある。全例の検証はしていないが、そのほとんどは「イモ類の植生・栽培」によるのではなく、やはり「（土砂災害により）埋もれた川、埋もれた地」のことである、と推測すべきでないか。

あるいは地震でなくとも、集中豪雨その他の風水害や大雪のあとの雪崩現象によっても、芋川流域には何度も土砂崩壊があったと思われる。本年（平成二十三年）の台風一二号で紀伊半島各地で大規模なものだけで五カ所の土砂による堰止め湖ができ、下流住民の避難騒ぎが起きた。同様の土砂災害は、全国に分布する「芋〜」地名の地にもかつて起きた可能性が大きい。

日本全国の多くの地名を調べれば、前後の語構成からしても植物名の地名がそのまま植生に由来すると考えては語義矛盾に陥る例が多数あることに気づく。この「芋」の場合、ヤマノイモ科の植物は川には自生しない。

熱帯・亜熱帯原産のサトイモ科の中には水生を好み水田栽培されるものも多いが、それは台湾以南の亜熱帯・熱帯での話である。日本の、しかも積雪地帯で夏場でも冷水が流れる地方では、サトイモ科の植物は川では生育できないのではないか。

なぜ、そう断定できるのか。それは「芋〜」という語系の地名はほとんどすべて、「芋久保」「芋沢」「芋坂」など地形名と組み合わさった語構成ばかりだからである。だから、私は二十年前に刊行した共編著『地名用語語源辞典』の該当項目に、

いも【芋、妹、神、伊毛、今生】

①ウモ（埋）の意で「（土砂で）埋もれた地」か。②イボの転か。③イマの転か。④イモ（妹）で「二つ並んだものの小なるほう」を指すか。⑤イモジ（鋳物師）の下略か。⑥「山芋の自生地」を指すものもあるか。⑦疱瘡《ほうそう》神にちなむ地名もあるか。

と、記しておいた。同辞典のこの項目に関しては、現在でも訂正の必要はまったく感じない。

植物用語の地名は借訓が多い

イモ（芋）もそうだが、植物名の漢字を使った地名は、日本には実に多い。その植物が生えていたり、あるいは栽培が盛んだったりし、そのことに由来して地名が命名されたのであれば、話はきわめて分かりやすい。ところが日本の地名の場合、ことはそう簡単ではない。

たとえば、古代の尾張国の「葉栗《はくり》」という郡・郷名の場合、漢字の語順から見ても植物名起源ではありえない。これは動詞ハグル（剥）の連用形で、木曽川の浸食で「年々、剥ぐり取られる地」を表わした地名であろう。木曽川は古代から河道変更が激しく、葉栗郡・郷は中世以降には美濃《みの》国（明治以降は岐阜県）に所属変更になって「羽栗《はぐり》」と表記された。

今も三重県の市名に使われている伊勢国桑名郡桑名郷なども、植物起源ではなくクハ（加）ナ（土地）で、堆積作用の盛んな木曽三川の河口に位置し「（年々、新たに）土地が〈クハハル（加）ナ（地）〉」と考えれば、よく納得できる。

もう一つ、私の苗字の「楠原」にしても、これを「楠の生えた原っぱ」と解釈すると、常緑樹で照葉樹林を形成するクスノキが原っぱに生えるという、植物学上の常識からはずれた奇妙な景観を想定しなければならない。むろん、クスノキは樟脳《しょうのう》の原料になる薬用植物であるから、神社の境内などに植栽されることもあるが、地名の「楠原」はそれが起源ではない。

ハラ（原）という地名用語は、「張り出す」という動詞ハリ（張）の受身形ハラルルの語幹に由来し、「〜原」という地名用語は、地形的には平野の中に張り出した洪積台地や扇状地・三角州、あるいは谷の出口の押し出し地形などによく見られる。

なお、「楠」は清音でクス、「崩れる」は濁音のクヅで、二音節目は清濁の違いのほかザ行とダ行と行《ぎょう》も異なる。だが、後述するように、富士山の「崩し岳」が「久須志岳」と書かれ、このクスシから「薬師如来」が祀られたという例もある。

和語の地名を漢字で表記する場合、あくまでも類音に当てるのが原則である。本居宣長が寛政十二年（一八〇〇）に著した『地名字音転用例』は、和語の地名を漢字で表記する諸類型を分析し、サガミという地名を相模と書くのは「相」のウをガに転用したものとした。

日本語そのものの表記でも、江戸時代までは濁音の仮名文字が使われず、清音仮名で書くのが普通だった。「清濁併せ呑む」という諺があるが、地名では「清濁は通ずる」といってよい。

河道閉塞による「天然ダム」の恐怖

中越地震発生から十日後の十一月二日、国土地理院が発表したデータによると、山崩れ・崖崩れにより川が堰き止められ、被災地全域では計四五カ所の土砂堰止め湖（いわゆる天然ダム）が出現していた、という。うち山古志村だけで三二カ所にのぼるが、その多くは芋川の流域に集中していた。

しかも、東竹沢《ひがしたけざわ》地区の広さ八ヘクタールを筆頭に、五カ所もの大規模な天然ダムはすべて芋川流域に出現していた、という。なお十一月十二日になって、国土交通省は「天然ダム」という呼び方に代えて「河道閉塞《かどうへいそく》」と呼ぶと決めた。

一方、平成二十三年九月の台風一二号による土砂災害で紀伊半島各地に出現した土砂堰止め湖について、マスコミ各社は「天然ダム」「土砂ダム」などとまちまちに唱えていたが、気象庁はどうやら一貫して「堰止め湖」と呼んでいたらしい。

学術用語の「堰止め湖」は「土砂によって堰き止められた湖水」のことで、海岸の砂州によるラグーン（潟湖）も、日光・中禅寺湖《ちゅうぜんじ》のような火山噴出物によって堰き止められてできた湖水もともに「堰止め湖」だから、土砂災害によるものも「堰止め湖」と呼ぶべきだろう。

中越地震のおりTV画面には、にわかに出現した湖水が集落・民家や田畑を飲み込んでいる光景が映し出されていた。もし、五カ所の大規模土砂堰止め湖の一つでも決壊すると、下流を土石流が襲い、さらに深刻な二次災害が発生することが心配された。

地震によって土砂堰止め湖が形成された例は、この中越地震の芋川の例が初めてというわけではない。

昭和五十九年（一九八四）九月十四日、長野県西部地震（マグニチュード六・八）によって御嶽《おんたけ》火山の南側山腹が大規模な崩落を起こし、大量の火山性堆積物が木曽川支流の王滝《おうたき》川に流れ込んで、その流路を堰き止めた。

この震災では、死者二九名という大惨事を引き起こしたが、その被害の程度もさることながら、「土砂による堰止め湖」という珍しい現象が発生したことで全国的な注目を集めた。たしか「天然ダム」という呼び方は、このとき初めて耳にした、と記憶している。

昭和五十九年の長野県・王滝川の場合と平成十六年十月の中越大地震の旧・山古志村の芋川の場合との違いは、芋川のほうがはるかに大規模でその崩落箇所、土砂堰止め湖の数もはるかに多かった点だけである。

中越大地震では幸いにして、天然ダム決壊という二次災害は起きなかったが、この災害列島では、いつどのような災害が降りかかってくるか、知れたものではない。

集中する急傾斜地崩壊危険個所

新潟県は、全国でも有数の「地すべり危険地帯」である。県西部の旧・西頸城《にしくびき》郡名立《なだち》町(現・上越市名立区)一帯は名立丘陵がゆっくりと北の日本海岸に動いてゆく緩行《かんこう》性地すべり地帯として有名で、地学では「名立崩れ」という用語もあった。

新潟県西部には、本州を東西に二分する「フォッサ・マグナ(大地溝帯)」(明治期にE・ナウマンが命名)の糸魚川《いといがわ》―静岡線が走る。ただし、この糸魚川―静岡線はあくまでもフォッサ・マグナの西縁線で、東縁線はどこかに関しては実は現在にいたるまで定説はない。

一応、越後山脈北西麓―関東山地西麓を結ぶ線とする見方が有力だが、このライン沿いには多数の火山が噴出していて、明確な線はとても引けない。このラインの北半分は、まさに信濃川地震帯と重なる。

つまり、新潟・長野両県は、日本屈指の構造線といくつもの断層帯、その上に火山噴出物が積もった、きわめて不安定な地盤であり、脆《もろ》い土壌が広がっている。ちなみに国土交通省河川局が制定した「地すべり危険個所」の数は、長野県が一二四一カ所で全国第一位、次いで九州の長崎県一一六九カ所を挟んで新潟県八六〇カ所が全国第三位となっている。

しかも、新潟県から長野県の北部にかけては冬季には世界一の豪雪地帯になり、春の雪解け水がたびたび洪水を引き起こしている。また新潟県の頸城丘陵や魚沼丘陵は西側に斜面があり、湿った梅雨前線や秋雨前線が日本海から山地に延び、台風ほかで刺激されると、しばしば集中豪雨に襲われる。

最近の例では平成十六年七月、そして平成二十三年七月にも、見附市・三条市など新潟県中越地方は大被害を受けた。ちなみに見附市のミツケとは東京の四谷見附や赤坂見附の「江戸城の外郭に設置された見附門」と同じ意味ではなく、後述するように静岡県磐田市の旧名「見附」と同じく「水漬け」という意味の地名である。

防災の観点から土地利用を再考しよう

旧・山古志村を含む魚沼丘陵と信濃川流域支流・魚野川流域は、昼夜の温度差が大きく、コシヒカリに代表される銘柄米の代表的な産地である。旧・山古志村はまた、丘陵を刻む棚田《たなだ》の美しい景観で知られ、闘牛飼育と錦鯉などの観賞用淡水魚飼育が盛んな土地柄としても知られていた。

震災当時、さすがに指摘するのはためらわれたが、この地域の棚田での水田稲作、その水田を池に転換した錦鯉養殖は、防災という観点からは一考を要するのではないか。

豪雪地帯だから、土壌には水分がたっぷり浸み込んでいる。このような場所に棚田を刻み、養殖池をつくって水を溜めれば、地震が起きれば一たまりもない。先祖代々続けられてきた稼業であっても、生命・財産が数百年に一度の頻度で脅かされるとなれば、ここらで地域全体の生き方を再考する時機ではないか。

もちろん、お上が上からあれこれ指図すべきことでもなく、我々のような第三者が口を差し挟む事柄でもない。地元住民の中から新しい生き方の模索が出てきてしかるべきだし、将来にわたって「減災」できるような工夫があってもよいはずだ。

「水があり余るほど存在する」という特性は、農業にとってはけっしてマイナス要因ではない。有効に活かす方法はいくらでも考えられるのではないだろうか。

地名「伊毛」に関する後日譚

平成十六年十月の中越地震のあと、私は大急ぎで本章に書いたことの大半をまとめてワープロ機で文章化し、関係地図類も含めA4判一一ページのコピー刷りで『地名は教えていた』と題するパンフレット形式の冊子を数十部つくり、マスコミほか関係各方面に無償配布した。

とくに、後述する国道一七号改め県道五八九号線の石坂《いしざか》山西麓で起きた母子三名の乗った乗用車が生き埋めになった件（男児一名は東京都レスキュー隊によって救助された）は国と県の道路管理の人為的ミス（不作為による連絡不十分）で起きた可能性が高いことを伝えたくて、各方面に無償配布したのであった。

このパンフレットによる私の訴えは、「読売新聞」夕刊（同年十一月四日付）のコラム「手帳」欄（片岡正人記者）で取り上げていただいたが、肝心の「母子生き埋め」事件については、どのマスコミも追っかけてくれなかった。

それから一年余り後、新潟県刈羽郡西山《にしやま》町（現・柏崎《かしわざき》市西山町）の住人氏から一通の手紙を頂戴した。内容は「母子生き埋め事件」のことではなく、「同町伊毛《いも》の地名は鋳物《いもじ》師関連の地名ではないか」という質問であった。

先に紹介したが、昭和五十八年刊『地名用語語源辞典』の「いも」の項目には、
⑥イモジ（鋳物師）の下略か。

という説も入れてある。おそらく同辞典を目にした読者（文面から推察すると退職した教職者か）が、念のため共著者である私の見解を確かめるための書状だったか、と思われる。

柳田国男『地名の研究』には各地の「金子《かねこ》、金子屋敷、鐘鋳場《かねいば》」などについては何カ所も記述があるが、「鋳物師」については取り上げられていない。だから、「伊毛」地名を鋳物師集落と結び付ける説は、もしかしたら我々の辞典が最初だったのかもしれない。

旧・西山町伊毛地区は、西山丘陵の東麓にある。西山丘陵は先に述べた「活褶曲」により形成された、いや現在も褶曲運動が進行中の丘陵である。伊毛地区の南西七キロには東京電力柏崎刈羽原発が立地するが、この手紙を頂戴した二年後には沖合の日本海でマグニチュード六・八の中越沖地震が発生、大事には至らなかったが、柏崎刈羽原発も一部損傷して放射能漏れが心配される事態にたち至っている。

原発立地地点も含め、西山丘陵全体は何万年か前に形成された砂丘地帯だから、地盤は固くない。地震だけでなく風水害にも脆く、この地の伊毛も「埋もれた土地」の可能性がきわめて高い。

そこで私は、先のパンフレット『地名は教えていた』を同封し、中越地震で「芋～」地名の実体が明らかになった以上、隣接する御地の「伊毛」地名も「（土砂崩壊などにより）埋もれた地」の可能性が高いこと、鋳物師集落との関連は地名だけでなく鉄精錬に付随する金屎《かなくそ》（鉱《こう》

考えるとはどういうことか

0歳から100歳までの哲学入門

梶谷真司

「考えることは大事」と言われるが、「考える方法」は誰も教えてくれない。ひとり頭の中だけでモヤモヤしていてもダメ。人と自由に問い、語り合うことで、考えは広く深くなる――。対話を通して哲学的思考を体験する試みとしていま注目の「哲学対話」。その実践から分かった考えることの本質、そして生きているかぎり、いつでも誰にでも必要な哲学とは？

●840円

老いない体をつくる中国医学入門

決め手は五臓の「腎」の力

阪口珠未

「肝・心・脾・肺・腎」という五臓で人間の体を捉える中国伝統医学。中でも特に重要なのが「腎」。腎は腎臓だけでなく成長・生殖の働きも含み、生命の素となるエネルギー＝腎精を蓄えている。加齢と共に減る腎精をどう長持ちさせるか？「毎日一握りのナッツを」「肉は骨つきが基本」等、２０００年の伝統から編み出された究極のアンチエイジング。

●800円

ジャイロモノレール

森　博嗣

ジャイロとは地球独楽《ごま》のようにフレームの中で高速回転する重量物を持つ装置。モノレールはレール1本の鉄道。これは「力を受けると回転方向に90度ずれた位置で変位する」ジャイロ効果を利用した１００年以上まえの鉄道車両だが、その技術は長らく忘却され再現不可能だった。著者は試作機製作を繰り返し幻の技術を完全復元。世界初のジャイロモノレールの概説書。

●780円

滓《さい》）が出土するなど明確な物的証拠がないと断定できないこと、などを伝えた。

また、前年の中越地震の爪痕を何カ所か目で確認したいとも思っているので、そのおりには御地の「伊毛」も訪れたい、その時には事前に連絡するのでできれば面会したい旨、添え書きしておいた。

相手からはすぐ返事が来て、長岡市東部にある温泉宿の観光案内パンフレットが同封してあり、「同旅館には伝手《つて》があるので、宿泊日を知らせてほしい」との由。随分気の早い話で、しかもその旅館は数日前、将棋だったか囲碁だったかのタイトル戦で会場になっていたことを新聞で承知していた。

正直、私は地方の有名観光旅館に宿泊するような身分ではないし、そんな金銭的余裕もない。ビジネス・ホテルか民宿か、いずれにしても今すぐ訪れるつもりはないので……と返事し、結局、今日に至るまで訪れていない。

さらに釈明すると、『地名用語語源辞典』を編纂したとき私はまだ四十三歳で、働き盛りだった。先の「いも」を「鋳物師」に結び付ける説を掲げたのは、そういうこともありうるか、と判断したからである。個別の地名について読者から質問されたり、異論が出た場合には、その都度、現地に赴いて読者と共同調査すればよい、と考えていた。

ところが、「光陰《こういん》矢のごとし」、齢古稀《よわいこき》を迎えて自由に動き回れる体力はもうない。どうか

『地名用語語源辞典』など拙著を利用される方は、存分に批判を加えてほしい。その部分のコピーを送っていただければ、間違いに対する謝罪も含め、しかるべき返答をいたします。

3　華麗に変身した「濁川」

「濁」が「荷頃」に〝変身〟

中越地震では、河川の土砂災害に関連する地名として「濁川《にごり》」という河川名も気にかかった。「濁川」という名の河川は、中越地震の被災地周辺では十日町《とおかまち》市と旧・東頸城郡松代《まつだい》町（現・十日町市）に各一例（いずれも信濃川水系）あった。

一方、地図を見ていて気になったのは、震源域にほど近い小千谷市に「荷頃《にごろ》」という地名（集落名）があることだった。小千谷市はこの地震で最も被害が大きかった自治体の一つで、不自由な避難生活を強いられた被災市民の様子は新聞・TVなどで連日報道されていた。その小千谷市の中でも、旧・山古志村とは山一つ隔てた朝日川流域に、荷頃地区があった（126〜127ページ地図参照）。

実は新潟県内の同じ旧・古志郡内には、この小千谷市荷頃から北北西に約一八キロ離れた現・栃尾《とちお》市にも同じ「荷頃」名の大字があり、小千谷市のほうを南荷頃、栃尾市は北荷頃とそれぞれ方位称を冠して区別している（このような旧・同一郡内の別地同称を「南・北」を冠して区別するのは、明治初期の措置による）。

その栃尾市の北荷頃は、戦国期の検地帳には「濁」と記されているという。同郡内という地理的位置と地形的な類似からして、小千谷市の南荷頃のほうも地名の本来の原形は「濁」であったはずである。

「濁川」という名の河川名は全国で二二カ所（うち新潟県内は二カ所）、集落名などを合わせると七二カ所にのぼる（新潟県内は五カ所）。

これらの「濁川」すべてが、地震を起因とする土砂崩壊に関係するわけではない。源流域に白濁した温泉が湧いているケースもあるし、沿岸の土壌の性質により常に濁っている川もあるだろう。ただし常時濁っている川の場合、土壌が常に流出しているわけで、地震とか集中豪雨以前に、日常的にもある種の危険性がありうる場所ということになる。

好字へ好字へとなびく日本の地名表記

和語の地名を隣国の中国の文字である漢字を借りて表記するという作業は、ある意味ではすぐれて知的な作業である。とともに、別の意味では相当な無理を重ねて一種の判じ物のような宿命を日本の地名にもたらした。

日本の地名を漢字で表わす場合、次の四つのパターンが考えられる。
㈠正音表記　漢字の字義・字音に従い命名——旧・美濃国「郡上《ぐじょう》」郡など。数は少ない。
㈡借音表記　地名の意義には無関係に、日本語の発音に近い字音の漢字を当てる——旧・国名「武蔵」など。日本語の地名ムサシはいまでも使う「ムサ苦しい」など、湿気の多い地を指した地名のはずだが、このムに「武」、サ（ザ）に「蔵」を当てたもの（シはヒガシ・ニシなど方向を示す語尾だが、表記上は省略）。
㈢正訓表記　旧・国名「石見《いわみ》」（「〈海中に〉岩盤が見える国」）など。
㈣借訓表記　同じ読みだが、意味が異なる文字を借用。旧・国名「若狭《わかさ》」など。北陸道のメイン・ルートから分かれた地域をワカ（分）サ（アサ〈朝〉など方向をいう接尾語）と呼んだ地名だが、別義で同じ読みの「若」と「狭」で表わした。
さらに、これら四種類を組み合わせた音訓混じり（「重箱読み」や「湯桶読み」）、旧・国名「和泉《いずみ》」など発音しない一種の「捨て字」表記も加わる。
こうした日本の地名のややこしさの一因は、和銅六年（七一三）に、『風土記』編纂の詔《みことのり》に先立って出された「諸国の郡・里（のちの郷）には好字を著《つ》けよ」との告示があったからだ。このときの「好字」とは一般に信じられているような「好感度（感じの好い）の字」ということではなく、どうやら「良く知られた字」ということだったらしい。

結局、日本の地名は、絡み合った糸をほどくような作業を行わなければ正体が分からないほどにこんがらがってしまった。

今日、地名を巡るさまざまな混迷も、すべてここから始まっている。

4 「妙見」に託した古人の祈り

「妙見」も崩壊を示した地名だった！

先にも少し触れたが、平成十六年の中越地震災害でひときわ人々の涙を誘ったのは、何といっても長岡市妙見《みようけん》地区で県道走行中に山崩れに巻き込まれた母子三人の悲劇だった。男児一人は奇跡的に救出されたが、同乗していた母と姉はついに助からなかった。
現場中継のTV画面に目を釘付けにされながら、私の頭の片隅では現場の地名「妙見」への苦い思いが湧き続けていた。昭和五十八年の『地名用語語源辞典』編纂時、私はこの「妙見」についてどう記述するか、数時間も迷った記憶がある。結局、
　みょうけん【妙見、明見、妙顕】仏教語で北極星を神格化したといわれる「妙見菩薩」にちなむ。北辰《ほくしん》信仰による。

とだけ記していた。その直前の項目の「みょうぎ［妙義］」は、「①仏教用語『妙義』にちなむか」としながらも、「②メゲ（損）の転で崩壊地形を呼んだか」とも記している。

これは群馬県妙義山に遊んだ経験があり、浸食を受けて凹凸のきわだつ山容の印象が強く残っていたからであった。

また「みょうけん」の直後の項の「みょうこう［妙香・妙高］」については、新潟県西部の妙高火山のことを強く意識していた。この火山は第三紀に噴出した古・妙高火山の火口が陥没してカルデラを形成、その後にカルデラ内に新・妙高火山が噴出して形成された複式成層火山である。

妙高火山は外輪山の東壁二カ所が崩壊し、南北の両地獄谷《じごくだに》から大田《おおた》切《ぎり》川・白田《しろた》切《ぎり》川が山腹を刻んで流れ出ている。この両河川は春の雪解け水や梅雨、夏季の集中豪雨でしばしば氾濫し、土砂災害を引き起こしていた。

そのことが記憶にあって、この項目では、本文では仏教用語としながら「解説」欄でメゲ（壊）という自然地名が先行して存在していた可能性を指摘しておいた。

ところが、「みょうけん［妙見、明見、妙顕］」の項目は「仏教語で北極星を神格化したといわれる〈妙見菩薩〉にちなむ。北辰信仰による」という記述に止めている。なぜ前後の項目と同様に、動詞メゲル（壊・損）との関連を指摘しておかなかったのか。

メゲルは「損壊」をいう古い動詞だが、気分が落ち込んだときにいまでも「メゲちゃった」などと言ったりする。

前述したように、近畿地方や中国・四国地方では、気分ではなく物が壊れることを「メゲル」という。岡山県児島湾岸の漁村で生まれ育った私は、「壊れる」という自動詞も「壊す」という他動詞も、幼稚園へ上がるまで知らなかった。自動詞はもっぱら「メゲル」であり、他動詞は「メグ」を使った。祖父母たちは、「障子のメゲを直さにゃならん」などと、日常会話の中で名詞形も使っていた。

自動詞メゲルは下一段活用だから、連用形はメゲになり、そのまま名詞形として使われる。メゲという発音は、「みょうぎ」や「みょうこう」よりも「みょうけん」のほうがはるかに近い。

それでもなお、「みょうけん［妙見、明見、妙顕］」の項目に「損壊＝崩壊地形」を記さなかったのは、「妙見」を名乗る地名に、妙高火山や妙義山のような崩壊地があることに気づかなかったからだった。

中越地震で長岡市妙見町で起きた悲劇を知ったあとだったなら、私は躊躇することなく「損壊＝崩壊地形」と断定していただろう。

メゲから妙見↓三宅への好字転訛

長岡市妙見町の地名について、『角川日本地名大辞典　新潟県』は小田島允武《おだじまみつたけ》『越後野志《やし》』（昭和十一年）の「昔屯倉《みやけ》があった所で、ミヤケを過《あやま》ってミヨケと転称、文字も『妙見』に転じた」という説を引用する。

また同市六日市《むいかいち》町にある三宅神社神官家の伝承では、「四世紀後半、朝鮮半島の日本府に駐在した高官家を官家《みやけ》と称した……」云々とも記す。

この三宅神社は、「延喜式神名帳」に記された越後国古志郡五社の一社とされる古社である。ただし、その鎮座する地は妙見町から間に中潟《なかがた》町を挟んだ二つ隣の六日市町地区である（153ページ地図参照）。妙見町にある神社は妙見神社である。

また、どの古文書にも古志郡に「屯倉」が設置されたという記録はない。

このことから、『越後野志』がいうミヤケ↓ミヨケ↓ミョウケンという転読説には、私はとても賛同できない。むしろ話は逆で、

メゲ↓ミョウケ↓ミョウケン
　　↓ミヤケ

と転じたものと見る。

日本の地名を漢字表記する場合の「好字借用」原則からしても、「三宅↓妙見」の転訛はい

かにも不自然に思える。そして妙見地区ではなく二つ隣の六日市町地区に三宅神社が鎮座することも、メゲ↓ミョウケンが原形で、少し離れた別地に好字化表記の神社が建立された、と考えればそれなりに納得がいくのではないか。

地名ミヤケ（三宅・屯倉・宮家）の再検証を

ミヤケ（三宅）という地名で一番有名なのは、伊豆諸島の中部に浮かぶ三宅島であろう。この富士火山帯に属する火山島は、第四紀に活動を開始した新しい火山である。まず今から約三〇〇〇年前の縄文晩期に海面上に一〇〇〇メートル級の成層火山が出現し、それが大規模な割れ目噴火を起こし、その火口部分が陥没して直径約三・五キロの外カルデラ（陥没凹地）が形成された。

そのカルデラ内に新しい火山が成長、その火口が再び陥没して直径一・五キロのカルデラができ、その火口内にスコリア（火山砕屑物《さいせつぶつ》）丘の雄山《おやま》（最高地点は外輪山北部の標高七七六m）が形成されたという複式火山である。

この火山島は平安中期の応徳《おうとく》二年（一〇八五）以来、平均して五、六十年置きに割れ目噴火を繰り返してきた。もっとも、昭和十五年（一九四〇）の噴火以降は昭和三十七年（一九六二）とその二十一年後の昭和五十八年（一九八三）という具合に噴火の間隔が短くなり、平成十二年（二〇〇〇）の噴火では有毒火山ガスが大量に噴出し、全島が島外避難を余儀なくされて、いまだ住民全員の帰島は実現していない。

この火山島は応徳二年以前にも盛んに噴火活動を起こしていたらしく、延長五年（九二七）に編纂された『延喜式』神名帳に記載のある式内社が一二座も鎮座している点が注目されている。このことから、島名のミヤケとは「宮家」の意とする説もある。

だが話は逆で、五、六十年ごとに噴火を繰り返す火山にミ（御）ヤケ（焼）の名を奉《たてまつ》り、被害が大きくならないよう神社を祀り、国家が安寧を祈願する式内社としたものではないか。ミ（御）ヤケ（焼）島に式内社一二座を祀られ「三宅」と表記されるのであれば、メゲ（壊）が「三宅」に転訛することもありうる、と考えなくてはならない。

施設としての「屯倉」と地名としての「三宅」

古代の朝廷の直轄領とされる「屯倉」については、古代史学者や歴史地理学者によってさまざまに考究されてきている。その諸説について論評する資格は私にはないが、素朴な疑問を呈出させていただければ、同じ郡内でも大化の改新前の「屯倉・宮家」と国郡制制定以後の「三宅郷・三家郷」が同じ地域に設定されたものかどうか、大いに疑問がある。

というのは、欽明《きんめい》天皇十七年（五五六）七月に設置された「児島屯倉」の地は、当時の海上

郵便はがき

料金受取人払郵便

代々木局承認

1536

差出有効期間
平成30年11月
9日まで

1518790

203

東京都渋谷区千駄ヶ谷4-9-7

(株)幻冬舎

書籍編集部宛

1518790203

ご住所 〒 都・道 府・県	
	フリガナ お名前
メール	

インターネットでも回答を受け付けております
http://www.gentosha.co.jp/e/

裏面のご感想を広告等、書籍のPRに使わせていただく場合がございます。

幻冬舎より、著者に関する新しいお知らせ・小社および関連会社、広告主からのご案内を送付することがあります。不要の場合は右の欄にレ印をご記入ください。

不要 □

本書をお買い上げいただき、誠にありがとうございました。
質問にお答えいただけたら幸いです。

◎ご購入いただいた本のタイトルをご記入ください。

『　　　　　　　　　　　　　　　　　　　　　』

★著者へのメッセージ、または本書のご感想をお書きください。

●本書をお求めになった動機は？

①著者が好きだから　②タイトルにひかれて　③テーマにひかれて
④カバーにひかれて　⑤帯のコピーにひかれて　⑥新聞で見て
⑦インターネットで知って　⑧売れてるから／話題だから
⑨役に立ちそうだから

生年月日　西暦　　年　　月　　日（　　歳）男・女				
ご職業	①学生	②教員・研究職	③公務員	④農林漁業
	⑤専門・技術職	⑥自由業	⑦自営業	⑧会社役員
	⑨会社員	⑩専業主夫・主婦	⑪パート・アルバイト	
	⑫無職	⑬その他（　　　　）		

ご記入いただきました個人情報については、許可なく他の目的で使用することはありません。ご協力ありがとうございました。

交通の拠点という点からは私の生地である児島半島北東部の可能性もあるが、『和名抄』備前国児島郡四郷の一つ「三家郷」は同じ郡内でも現・玉野《たまの》市から倉敷市南部（旧・児島市の南部）と、私は考える。

その理由は、「三宅」について諸家の多くは、奈良時代に施行された古代最大の土木事業である条里制との関連を指摘する。

だが、私の生地のムラ（大字）も近隣の村々も平地の少ない海村で、中・近世の小規模干拓以前は耕地に乏しく、条里制施行など望むべくもないし、その遺構も皆無である。

岡山県児島半島は年間降雨量一〇〇〇ミリ未満、本州屈指の寡雨地帯である。全国的には、一時間当たりの降雨量が一〇〇ミリを超えると洪水・土砂災害の危険があるといわれるが、児島半島では一時間当たりではなく一日当たりわずか一〇〇ミリで山崩れ・崖崩れが発生する恐れがある。

最近では平成十七年（二〇〇五）九月、台風一四号によって秋雨前線が刺激されて集中豪雨に襲われ、日頃は風水害とはほとんど無縁だった玉野市宇野《うの》の裏山が崩れ、犠牲者を出した。私の生地もそうだが、風化花崗岩《ふうかかこうがん》の山肌は砂細工のように脆く、わずかな水分でも一気に崩れてしまうのである。

地名の鉄則「何時から何時まで、何処から何処まで」

かつて昭和三十二年（一九五七）から、京都市伏見区《ふしみ》の日本地名学研究所（中野文彦所長）が季刊「地名学研究」誌を精力的に刊行していた（昭和三十七年、一二号で終刊）。そのいくつかの号の巻頭（表見返し）には、中野所長主唱の「地名研究十条」が掲げられていた。

十カ条とも、今でも地名研究者が心得るべき基本的な教訓となる項目であるが、その第七条に、「何時《いつ》から何時まで　何処《どこ》から何処まで」という条項があった。

この条項は、地名研究者のみならず、地名を生活語・行政用語として取り扱うすべての人間が心すべき教訓だと私は考えている。

同じ表記・読みの地名でも、それぞれが使われる場所が異なれば、それは別の地名である（別地同称）。使われた時代が異なれば、その地名が持つ性格・機能は違ってくる。当たり前のことだが、地名研究者の中にも、このことが正確に理解されず、見当違いの論がまかり通っているのが、残念ながら実情である。

我が郷里の「三家郷」について述べてきたが、地名の「別地同称」と「同地異称」の原理を分かっていただきたかったからでもある。だから、近代（現在進行中の）地名政策としては、古くから続いてきた歴史的伝統的地名をむやみやたらに変更したり、狭い地域がはるかに広く著名な地名を借用したり、今風の名称を自由勝手に考案したりすべきではない、と私は声を大にして主張してきた。

そして、古い地名がなぜ、どんな契機があってその場所に定着したか、あらゆる知識を総動員して解明すべきで、それが、情報に恵まれ、何物をも慮ることなく自由に科学的論理的思考を発揮できる現代人の責務だ、とも主張してきたわけである。

国道一七号付け替え工事の裏に秘められたこと

ところで、母子三人が乗った車が押しつぶされた現場は、妙見町の地内の県道五八九号と報じられた。いつもの癖で、私は早速、手が届くところに置いてある昭文社『県別マップル新潟県』（一九九六年＝平成八年版）の該当ページを開いて見た。ところが、現場に通じているのは国道一七号であった。

翌日、新しい二万五千分一「片貝」図（平成十三年修正測量、平成十四年発行）を買ってきてみると、国道一七号はＪＲ上越《じょうえつ》線小千谷駅東方をトンネルで抜け、駅北方一・八キロ地点に架けられた小千谷大橋で一度、信濃川左岸に渡り、そこからさらに一・七キロ地点の越《こし》の大橋で再び右岸の長岡市妙見町に戻っている（153ページ地図参照）。

つまり、国道一七号の改修工事にあたって石坂山（標高二六四・九ｍ）西麓と信濃川に挟まれた旧ルートを避けて、全長五〇〇メートルもの長大橋を二本も新設し、距離的にも二倍近く長くなる対岸の迂回《うかい》ルートに付け替えているのである。ちなみに、国土交通省道路局現地事務所に国道一七号バイパスの供用開始、旧ルートの県道格下げ年月日を確認したところ、平成十一年四月一日とのことだった。

問題はなぜ、経費の上でも割高になる新ルートに替えたのか。新潟といえば田中角栄氏以来「土建王国」として名高いが、まさか土建屋さんを儲けさせるためにそんな策を弄したわけではあるまい。

このルート変更は、長岡・小千谷市境の石坂山西麓ルートを避けるためであり、それ以外の理由は考えられない。

当時、建設省はすでに国土交通省に統合・再編されていたが、この部分は改修して道路を拡げたり車線増を図るのは無理、と判断されたのではないか。つまり、川岸まで迫る丘陵端は土壊が脆く拡幅工事には耐えられない、さらに、何らかの誘因が加われば、土砂崩壊が起こる可能性が高いことを、中央の担当官庁・担当部局は事前に承知していてルート変更をしたのではないか。

であるならば、この妙見町の災害は地震という天災が引き起こしたものであっても、多分に人災、すなわち行政ミスの要素が濃い、と指摘しなければならなくなる。国道として不適格とされたルートを、管轄を変えただけでそのまま県道に転用してよいはずはない。

新設された国道17号付近

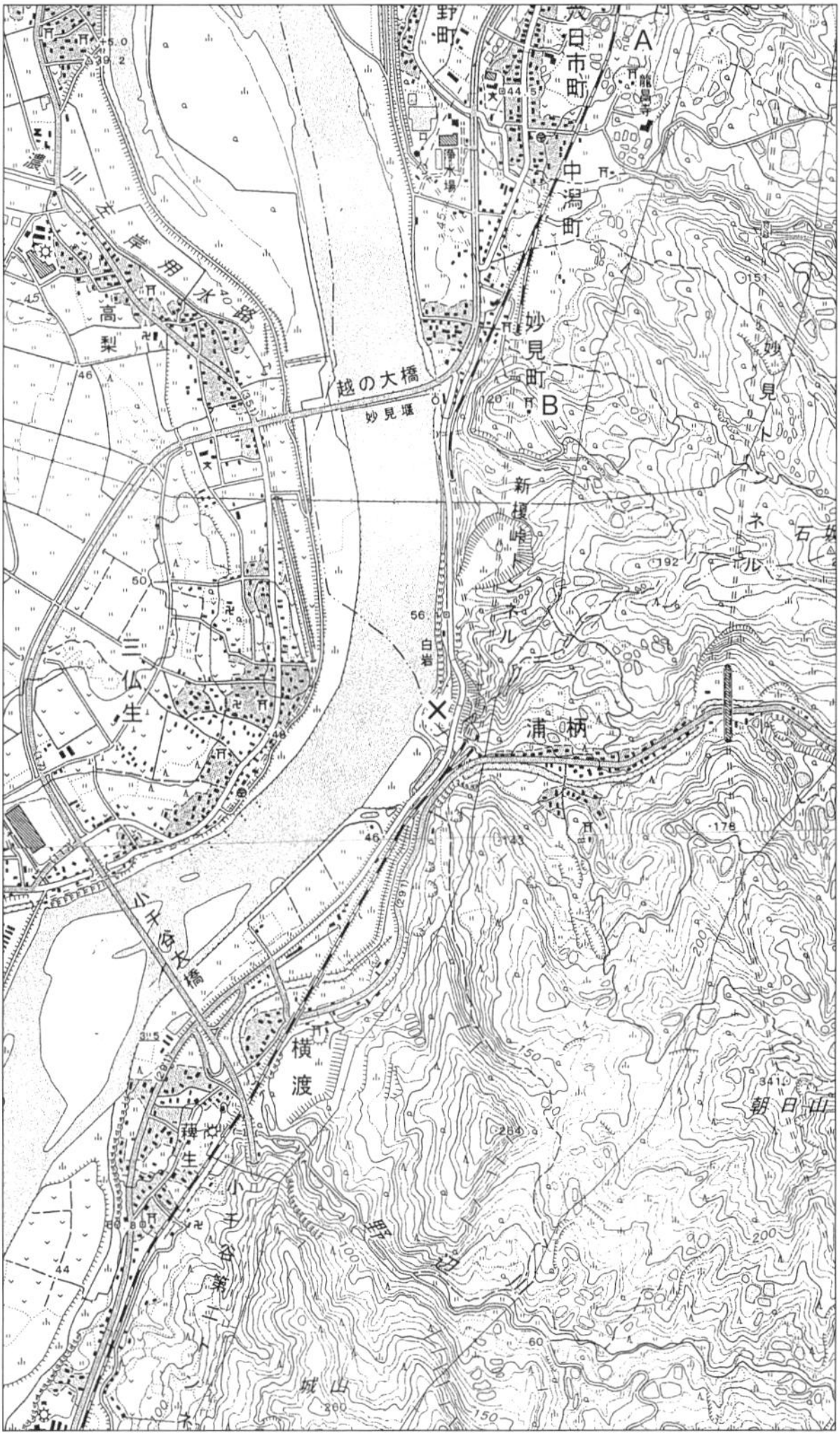

A：三宅神社　B：妙見神社　×：母子生埋め現場　2万5000分1「片貝」・「小千谷」（X0.7）

中央官庁が把握していた情報が正しく県庁担当部局に伝達されていたなら、県としては土砂崩落防止用の対策を講じないままに県道に転用しなかったろう。

もしそのことを承知していて無策のまま転用したのであれば、これはもう完全な不作為による人災である。中央の情報が地方に適切に伝達されなかったのならば、これもこの国が明治以来ずっと抱えつづけてきた病理現象といわなければならない。

私のこの推測が見当はずれというのなら、担当官庁の当時の責任者は、なぜ莫大な建設費を投入して小千谷大橋・越の大橋という二本の長大橋を新設してまで、信濃川左岸を大きく迂回して国道一七号の新ルートを設定したのか、きちんと万人に納得できる理由を挙げて釈明してもらわなくてはなるまい。

担当した当局の責任だけを、追及したいのではない。どういう経緯があってこの結果を招来したのか、その起承転結は細大漏らさず明らかにされなくてはならない。責任追及は、その次の段階の話である。すべてをウヤムヤにして済ませる態度は、やがてより大きな不幸をもたらすだけである、と言いたいのである。

繰り返すが遠回りになる新国道に向かわずに、通り慣れた短絡ルートの旧国道を改称しただけの県道を通ったのは、運転していた母の不運であった。しかし、そのような危険な道路を何の補修も規制もせずに供用していた行政当局の判断ミス・不作為は、彼女自身の不運だけで片づけられない問題をはらんでいる。

自身と愛娘の命を犠牲にした母の不運を、単なる不運で終わらせてはならない。この行政の判断ミス・不作為責任が不問に付されたなら、同じ問題は必ずいつか、我々自身の身近で再発するからである。

5 薬師信仰と「十二神」信仰

被災地一帯の村々に祀られた「十二神」

さて、時々刻々伝えられる中越地震の被災状況を、私は前記した『県別マップル』の該当ページを開きながら検証していた。事件・事故でも、戦争でも、私は地図帳を開いて地名の位置を確認する癖がある。それは、中学生時代、トルストイの『戦争と平和』を読んだころからの習慣であった。

会社勤めの編集者生活を断念し暇だった三十歳代、一人ひそかに観る深夜映画のB級西部劇を、フィクションと分かっていても地図帳と首っぴきしなければ納まらなかったことにも引き継がれた。

中越地震でも、TV画面に被災地の映像とテロップで地名が流されるとすぐ、該当する『県別マップル』のページを開いて確認した。

そして、被災地一帯に「十二〜」という地名・神社名がやたら多いことに気づいた。国土地理院の地形図には神社の「鳥居マーク」や仏寺の「卍マーク」は記されているが、よほど大きくて著名な神社・仏閣でない限り神社名・仏寺名の固有名詞はほとんど注記されていない。一方の『県別マップル』のほうは、掲載図によって縮尺は二・五万分一だったり三万分一、六万分一だったりそれぞれ異なるが、神社仏閣名（ほか学校・幼稚園名などの公共施設名、そして銀行名やガソリンスタンド名・コンビニエンスストア名などの生活関連施設名も）は一応きちんと注記されている。

生活用の地図としては、とくに災害が起きた非常時などには、国土地理院の地形図よりも、それを再編集した民間の市販地図調製会社の道路地図類のほうがはるかに便利だった。ただし、地形描写などの正確さにおいては、市販地図類の原図でもある国土地理院製作の地形図が優れていることは言うを俟《ま》たない。

中越地震で、「十二〜」の数詞地名に最初に気づいたのは、前述した芋川流域の小千谷市に属する十二平《じゅうにだいら》集落だった（126ページ地形図参照）。芋川流域の各所で山崩れが発生、大規模な土砂堰止め湖（天然ダム）五カ所が出現しており、その最下流地点が十二平であると知った。

十二平集落は小千谷市の東端部で、小千谷の中心市街地から信濃川を隔てた山間の塩谷《しおだに》地区

（大字）に属しており、昔は塩谷村の枝郷であった。小千谷市域が塩谷の本集落から山を越えて芋川流域に張り出しているのは、本来の塩谷村は多くの枝郷を含めた広い村だったのが、明治以降の町村合併のとき東端の村々が分村したのに、十二平だけは塩谷本村と行動を共にしたという経緯の結果である。

密集分布する「十二神」とは何なのか？

その十二平について『角川日本地名大辞典　新潟県』を引いてみた。ところが目当ての「十二平」は塩谷の枝郷のため、「地名編」の項目にはない。同辞典は新潟県内で「十二～」の語系の地名八カ所を取りあげているが、その全項目に目を通してみたところ、北蒲原《きたかんばら》郡中条《なかじょう》町（現・胎内《たいない》市）の十二天集落の由来説明に次のような記述を見つけた。

地名の由来は天福年間（一二三三～三四）に薬師十二天将《やくしじゅうにてんしょう》を創建したことにちなむ、と伝えられる。

その他の「十二～」のつく地名も、どうやら十二神・十二宮という名の神社に由来するらしい。『県別マップル新潟県』各図から拾ってみると、この地方の各市町村には軒並み、十二神社・十二大神・十二社・十二大明神などの社が点在している（159ページ分布図参照）。いや、点在というよりも、むしろ密集分布しているというべきか。分布密度は今回の震源域である旧・古志郡から魚沼郡・三島《さんとう》郡（古代には「みしま」）・刈羽郡にわたって色濃く分布しており、しかも人家のない山間にも鎮座している。震源域西方の頸城郡では西部ほど分布は疎になるが、隣県の長野・富山両県にも少数見られる。震源域北側の蒲原郡でも北部ほど分布は薄くなる。県境を越えた山形県庄内《しょうない》地方では「薬師神社」という名の神社が散見されるが、これは明治初年の神仏分離の混乱の結果か。

この「十二神・十二宮」とは何なのか。

昭和四十年代前半までの東京を知っている人なら、現・新宿区西新宿二丁目付近に「十二社」と書いて「じゅうにそう」と読む町名があったことをご存じだろう。現・新宿中央公園の北西隅に熊野神社が鎮座するが、この神社に紀州・熊野の三所権現《さんじょごんげん》・四所明神《しょみょうじん》・五所王子《ごしょおうじ》を相殿にして祀ったから計十二の神々ということで「十二社」と呼んだといわれている。

なお、「社」を「そう」というのは、草深い田舎に祀られた祠を「叢祠《そうし》」と意識し、その「叢」のソウの読みを借りたものという。

新潟県における「十二〜」神社の分布

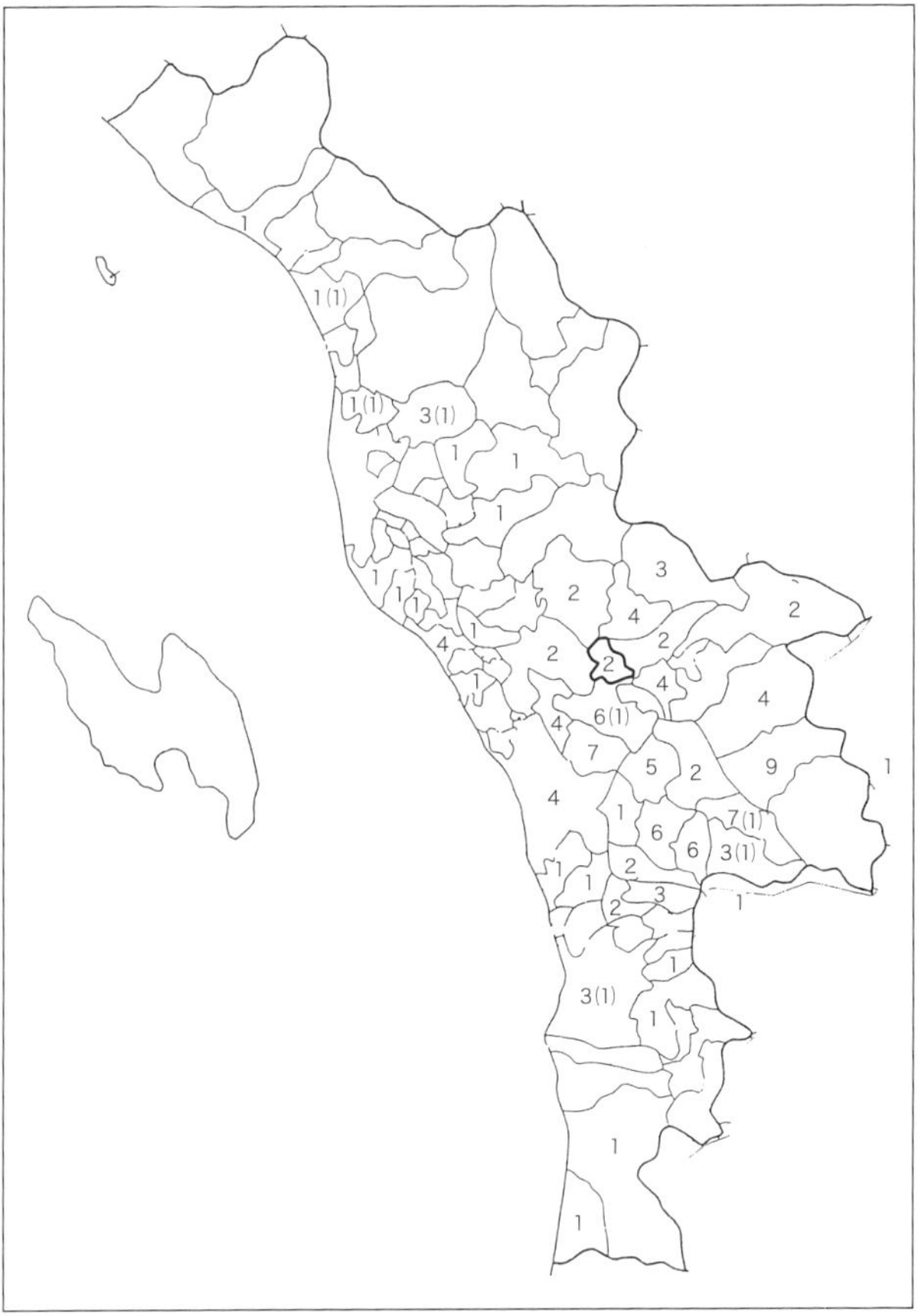

平成16年4月1日現在の市町村別　太線は旧・山古志村
「十二〜」神は昭文社『県別マップル新潟県（1996年版）』より拾った

薬師信仰・十二神信仰は「除災」への願いだった

新潟県中越地方の「十二〜」のつく地名の場合、確かに近在に熊野神社が鎮座する例もかなりある。ただし、この地方には諏訪神社・白山神社や神明社なども多く、熊野神が特別目立つわけではない。

むしろ、石動神《いするぎ》や二荒神《ふたら》などいずれも「大地の安寧」を願う神々も点在して鎮座していることから、直接的に熊野信仰と結びつけるより、もっと根源的・民俗的な信仰動機を考えるべきではないか。

仏教の如来仏《にょらい》は東方の浄瑠璃《じょうるり》世界を司る仏神で、十二の願を発して衆生を病と災いから癒し救う仏とされる。日本では「致福消災《ちふくしょうさい》」を叶えてくれる現世利益の仏神として古くから盛んに信仰された。

薬師如来は日光《にっこう》・月光《がっこう》の両菩薩を脇侍とすることはよく知られているが、ほかに如来の化身として十二の大願に応じて十二の夜叉《やしゃ》型(憤怒《ふんぬ》型)の守将が出現するとされる。

薬師如来の化身である十二神に対する信仰は、薬師信仰とともに、また十二支に対する俗信とも結びついて広まったかとも思われる。

日本における薬師信仰は、天武《てんむ》天皇九年(六八〇)、皇后の病気平癒を発願して文武《もんむ》天皇二年(六九八)に建立された藤原京の薬師寺(本薬師寺)に始まるが、この勅願の薬師寺は養老二年（七一八）に平城京に移設された。現・奈良市西ノ京町にある薬師寺はその後身である。

一方、東国では下野国河内《かわち》郡（現・栃木県下野市）にも下野薬師寺が創建されている（時期は天智《てんじ》天皇九年〈六七〇〉から大宝三年〈七〇三〉まで諸説ある）。

当時の東国で疫病が流行していたのか、あるいはこの時期、東国で何らかの天変地異に伴う災害が発生していたことと関係するのかもしれない。

ちなみに、『日本書紀』天武天皇十四年（六八五）三月条には「灰、信濃国に零《ふ》れり。草木皆枯れぬ」とあり、これが浅間《あさま》火山の最初の噴火記録とされる。

薬師信仰がどのようにして日本の民衆に浸透し支持されていったのか、その解明は私の仕事ではない。どなたかすでに研究されているのならば、ぜひご教示ねがいたい。

ただ私は、次のことは指摘できる。すなわち、薬師山・薬師岳（嶽）、薬師森、薬師峠などの自然地名がきわめて特殊な分布状況を示していることである。

	全国	新潟県（ ）内は%	分布の特徴
薬師山	二六	九（三四・六）	敦賀—桑名線以東の東日本が二三
薬師岳（嶽）	二五	七（二八）	すべて富山県—山梨県以東
薬師森	四	〇	すべて東北地方（森は山と同じ山名語尾）

薬師峠　九　三（三三・三）　うち五例が富山県以東、四例は京都府以西
（計）　六四　一九（二九・七）　ちなみに新潟県の面積全国比三・三％
同人口全国比一・九五％

山岳地名で見る限り、新潟県は全国一の「薬師」地名密集地である、と断定してよい。そのことが地震災害とどう関係するのか。過去に起きた他地の災害例を紹介して、その関連性を指摘しておこう。

富士山・久須志ケ岳はクヅシ（崩）→クスシ（久須志）だった

昭和五十五年（一九八〇）八月十四日、富士山頂近くの久須志《くすし》ケ岳から幅二〇メートル、高さ一〇メートルの大岩が二度にわたり剝離・落下し、夏富士登山で賑わう吉田口砂走り下山道を直撃した。誰もが安全と信じきっていた夏富士登山で、死者一二名、負傷者三二名という大惨事が起きたのである。

久須志ケ岳は、富士山頂の〝お釜〟と呼ばれる火口部に八峰あるピーク名の一つである。一帯は富士山本宮浅間《せんげん》神社が所有・管轄する御神体とされており、現在は久須志神社が鎮座するが明治初年の神仏分離までは薬師如来が祀られていた、という。

すなわち、クヅシ（崩）→クスシ（久須志）＝薬師という四つ仮名の類音転訛と同音連想から生じた信仰であろう。中越地震時、久須志神社と薬師如来との関係を電話確認した浅間神社の宮司さんも、「クスシは漢字二文字で書けば〝薬師〟になる」と喝破されていた。

ジとヂ、ズとヅのいわゆる「四つ仮名の混同」は、国語学では室町期以降とするのが定説。だが、古く奈良期編纂の『常陸国風土記』の久慈《くじ》郡の郡名由来譚に鯨《くぢら》云々とあるように、とくに東国では四つ仮名の混同は相当早くから生じていたのではないかと考えられる。

ところで、中越地震の震源域にも、薬師山・薬師岳が九カ所ある。その分布状況は、先に紹介した十二神を祀る神社の分布とほとんど重なる。そして、震源の真上、小千谷市南荷頃の蘭《うと》木《ぎ》集落の西に薬師山（標高三〇七ｍ）がある（127ページ地図参照）。

結論をいえば、中越地方を含む信濃川地震帯は貞観五年（八六三）以来、何度も地震災害の記録がある。いや、それ以前の先史時代にも数百年、あるいは数十年ごとに大小の地震に見舞われ、人々はそのつど地獄絵さながらの苦難を余儀なくされた。それでも人々は廃墟の中から立ち直って改めて生活を再構築し、子々孫々までたゆまぬ営為をつづけてきた。

残された地名は、幾度にもわたる惨禍の痕跡であり、その記録でもある。それは震災を経験した先人の、一刻も早く立ち直るための祈りであったし、子孫らに残した、この地で生きるための智恵であり伝言でもあった。この先人が残した智恵に、我々が学ぶところは大きい。

中越地震の震源域に関しては、郡名「古志（高志）」や栃尾市などこの地域に卓越する「栃〜」型の語構成の地名群など、崩壊地形を示すかもしれない地名例がほかにもいくつも存在する。それらについては、前記した共編著『地名用語語源辞典』の各項目で、一応は指摘しておいた。

Ⅲ章 災害にはキーワード地名がある

1 阪神・淡路大震災はナダ地名が予言していた

六甲山は断層帯が複数走るムケ(剥)山だった

大阪湾北岸、西宮市《にしのみや》から西へ神戸市東部にかけては、広域通称「阪神間」、さらに略して「阪神」ともいうが、首都圏の「湘南」と同様、高級住宅地として知られている。ともに、かつては保養地・リゾート地として発展し、首都圏・関西圏の都市域の拡大によって高級住宅地となった地域である。

東の「湘南」のほうは歴史は比較的新しく、明治以降に発展した新興住宅地といってよい。対して西の「阪神間」のほうは、住宅地として発展したのは似たような時期だが、景勝地・保養地としてははるかに古い歴史がある。『万葉集』には猪名《いな》浦・武庫《むこ》浦・葦屋《あしや》・菟《う》(兎)原《はら》・須磨《すま》などが歌に詠まれ、平安中期には『源氏物語』須磨巻で重要な舞台ともなった。

現在の六甲山《ろっこうさん》は、初め「武庫(郡)の山」のムコに室町期ごろから「六甲」の字を当て、それを音読する風が生じて「ロッコウ」となったもの。正式の地名は、明治二十二年四月一日、兎原郡の六村ほかが合併し「六甲村」を名乗ったのが最初である。

六甲山の元となった「武庫」の郡名については、賀茂真淵《かものまぶち》の「椋《むく》の樹が起源」説や「(難波《なにわ》宮《きゅう》から見て）向こうの地」説、また「神功《じんぐう》皇后が新羅《しらぎ》遠征の帰途、この地に武具を埋めた」云々の伝説も根強く語られてきた。三十年前に我々が編纂した『古代地名語源辞典』では、こうした根拠薄弱な伝説的解釈を排し、「動詞ムク（剝）に関係し、脆い花崗岩質の崖地・崩れ地のことであろう」と記した。

平成七年（一九九五）一月十七日、マグニチュード七・三の兵庫県南部地震が発生したとき、被害も心配だったが、私には「ああ、やっぱり来たか！」という思いがあった。我々の「崖・崩れ地」説は辞典刊行当初から不評で、ほとんど袋叩きのような目に遭っていたからである。

六甲山地は、大阪湾の海底から約一二〇〇メートルのそそり立つ傾動《けいどう》山地（片側が隆起し続け、反対側に傾いた陸塊）で、山腹に刻まれた東西方向に走る何本もの断層が動くたびに隆起してきた山地である。三十年前、我々はまだ断層帯がどの程度の頻度で活動するのか、専門的知識はまったくなかった。

だが、この六甲山地では、毎年のように洪水・土石流災害が起きていた。その山麓で採れる「御影石《みかげいし》」は花崗岩の石材のブランド名になっていたから、西に一二〇キロ離れた私の郷里の東児島の山地と同じであった。花崗岩は、切り出した岩塊は固く堅牢だが、自然のまま永年にわたって地表に放置され続けると風化して砂粒になりきわめて脆い。

だから、六甲山地南麓で毎年のように起きる崖崩れ・土砂災害も、よく納得できた。それゆえ、武庫郡はムケ（剥）・コ（処。ココ、カシコのコ）と考えたのであった。

陸にあるのにナダ（灘）とは、なぜか？

阪神・淡路大震災における市・区別の被害者（死者）数は、神戸市東灘《ひがしなだ》区一一九〇名（九）、灘区八〇一名（〇）、西宮市八六九名（七）、長田《ながた》区六七五名（三三）、芦屋《あしや》市四〇〇名（〇）、兵庫区三八八名（二）、須磨区三一四名（一七）、中央区二〇八（一）……と続く。この数字は震災発生一週間後の一月二十五日午前〇時四十五分現在で、兵庫県警調べ。（ ）内は行方不明者数である。

厳密にはそれぞれの市・区の人口数に対して被災者数の比率を出して比較すべきだろうが、この数字だけでみれば被災者は神戸市東部の灘区・東灘区から東へ芦屋市・西宮市にかけて集中していることが読み取れる。

この大震災では神戸市西部の長田区で大火災が発生し、多数の被災者が出た。長田区はゴム工場などの中小化学工場が集中しており、当時、スラム化した地区も点在していた。ＴＶ画面で見る火災のすさまじさは想像を絶するものがあった。

長田区にマスコミ報道が集中したのは、在日朝鮮人・韓国人の集住地区で、関東大震災のおりの「朝鮮人虐殺事件」の忌《い》まわしい記憶が伏線としてあったのであろう。

急傾斜する六甲山南斜面

5万分1「神戸」

ただし、この阪神・淡路大震災では、前記したように震災の中心地区は、実は神戸市東部の灘区・東灘区のほうだった。

このことから、この兵庫県南部地震の震源は明石海峡東口に近い海底ではあったが、地震・震災のキーワードは二つの区の区名にもなった「灘」だった、と私は断定する。たいていの災害の場合、キーワードになる地名が潜んでいることを知っておいていただきたい。

さて前ページの地図で明らかなように、六甲山の最高地点（標高九三一m）は東灘区・北区境にあり、ここから西南西へ約七キロ、摩耶《まや》山（標高六九九m）付近までなだらかな平坦面が広がる。この主稜線の南斜面は、幅五キロの間で八〇〇メートルも急傾斜して狭い海岸平野に達し、すぐ大阪湾に落ち込む。

その間に有馬《ありま》―高槻《たかつき》断層帯の西部から分岐した五助橋《ごすけばし》断層・芦屋断層・甲陽《こうよう》断層の三本の活断層が走っており、段丘や断層崖がいたる所に見られる。

平成七年の兵庫県南部地震は、この三本の活断層を含む六甲―淡路断層帯の南西部が震源になったものである。震源域の真上ではないが、断層帯としては連続しており、必然的に震度も被害も大きくなったものであろう。

ところで、西から神戸市灘区・東灘区・芦屋市・西宮市の一帯は、「灘五郷《なだごごう》」の広域称で知られる。灘五郷とは東から今津《いまづ》郷・西宮郷（ともに現・西宮市）・東《ひがし》郷（現・東灘区）・中《なか》郷

(現・東灘区と灘区)・西郷《にし》(現・灘区)の五郷をいう。江戸前期から酒造業が盛んになり、「灘五郷」は銘酒醸造地の代名詞ともなった。

陸の「灘」地名は何を意味する?

この「灘」の地名について、地元・神戸市の在野の歴史学者で兵庫県内の地名研究のリーダーだった落合重信《しげのぶ》氏は「灘は荒海のことではない」と題する一文(『歴史と神戸』一六ー三、昭和五十二年)で、波穏やかな瀬戸内海に「〜灘」名の海域名称が多数あることをまず指摘し、『広辞苑』などの「波の荒い海洋。風波が荒くて困難な海」説を退《しりぞ》けて、『岩波古語辞典』からナダメル(宥)が語源で「ナデ(撫)と同根、ノドカ(長閑)のノドの母《ぼ》音交替《いんこうたい》」と解説した。

灘五郷のナダについては、なだらかな海に面した海辺が「灘目《なだめ》郷」と呼ばれ、その下略形で陸地に「灘」の地名が定着したのだ、とする。つまり、本来は海を呼ぶ名称が陸に移った、という主張である。

前半の海域名の「〜灘」については、私も同調してもよい。だが、海岸だけでなく陸地にも「〜灘」地名、「灘〜」地名は多数ある。落合氏が研究フィールドとしていた兵庫県内の加東《かとう》市(旧・滝野《たきの》町)を流れる加古《かこ》川中流の急湍《きゅうたん》(流れの早い浅瀬)には「闘竜《とうりゅう》灘」の名がある。

加古川中流の「闘竜灘」の名は、幕末の尊皇家・梁川星巌《やながわせいがん》の命名になるらしいが、彼はまた当代屈指の漢詩人でもあったから、漢語「灘」を正しく理解していた。「灘」とはサンズイに「難」という文字構成から明らかなように、「水が流れなやむ様子」を表わした漢字である。それがなぜ、急湍の名になるのかというと、滝のすぐ上流部は水が流れ淀んで滞留し、滝で一気に流れ落ちて「湍」の景観をつくる。

梁川星巌は漢字に通ずるとともに、日本語のナダの本義もよく承知していたから、滝の手前で滞留する流れと、一気に流れ下る滝の景観を併せて「闘竜灘」と呼んだのであろう。ナダをナダメル（宥）だけで解釈するのとは、大いに次元が異なる。

ナダヤマ（灘山）という山名も全国に四カ所あるが、これは麓の「〜灘」のつく集落に属する山のことか。ただし、岐阜県飛騨《ひだ》市神岡《かみおか》町数河《すごう》の高原川沿いの灘見島《なだみしま》など、落合説ではどうにも説明がつかない。

この矛盾は、陸のナダと海のナダを同じ起源で説明しようとするからではないか。海の「灘」の語源を『岩波古語辞典』は動詞ナデ（撫）から説明しようとしているが、何か大きな力が地面を撫でれば、地面はずれて動く。陸地の地名のナダは、地面が撫でられたようになること、すなわち地すべり、崖崩れなどの土砂災害を表わした語ではないか。

類例を指摘しておくと、印刷・製本業界では、本や雑誌の小口《こぐち》などを裁断することを「ナメる」という。「滑らかにする」が原義だろうが、それには裁断という作業が前提になる。

急流に命名された「闘竜灘」　　2万5000分1「西脇」

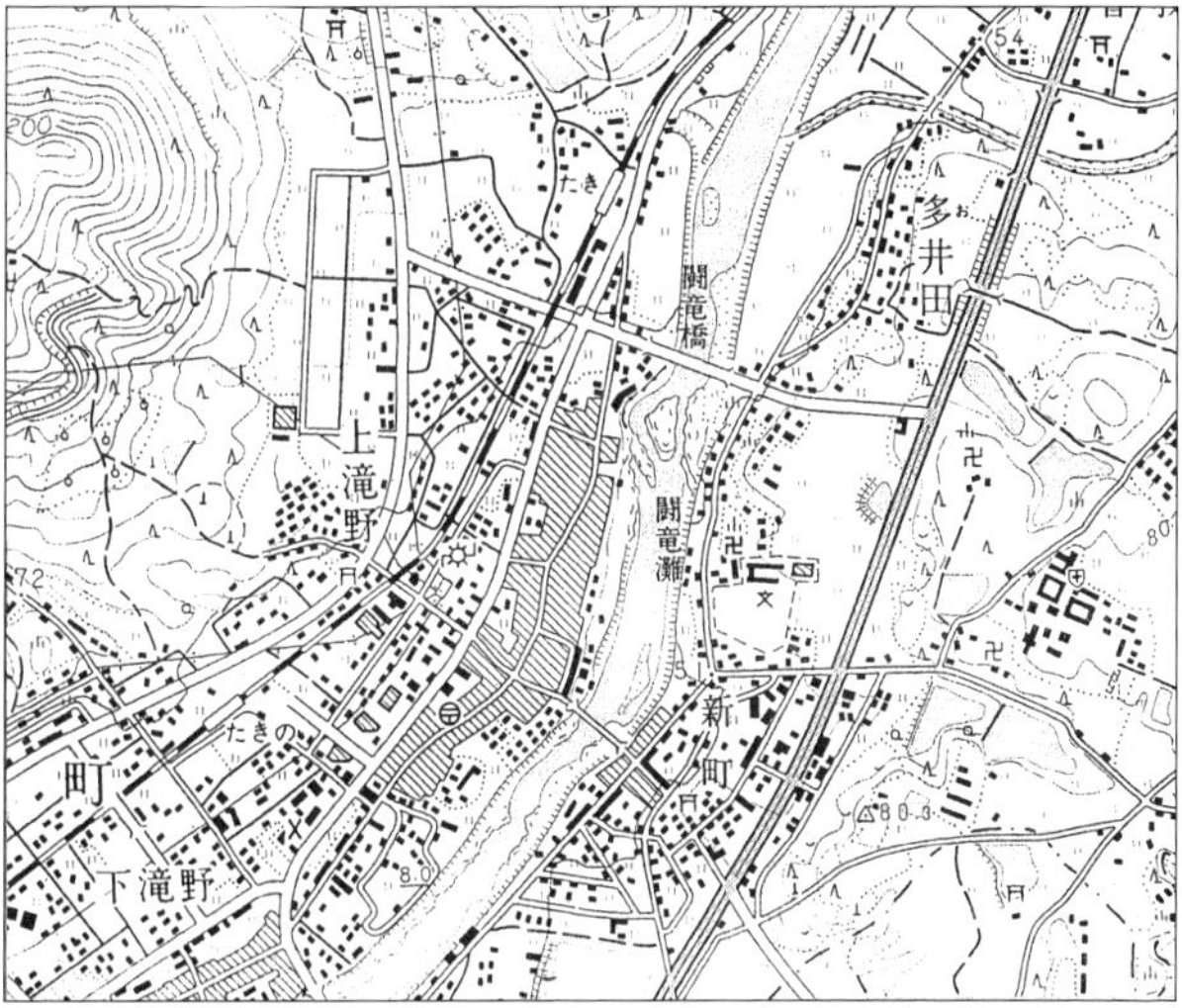

飛騨山中にある「灘見島」　　2万5000分1「船津」

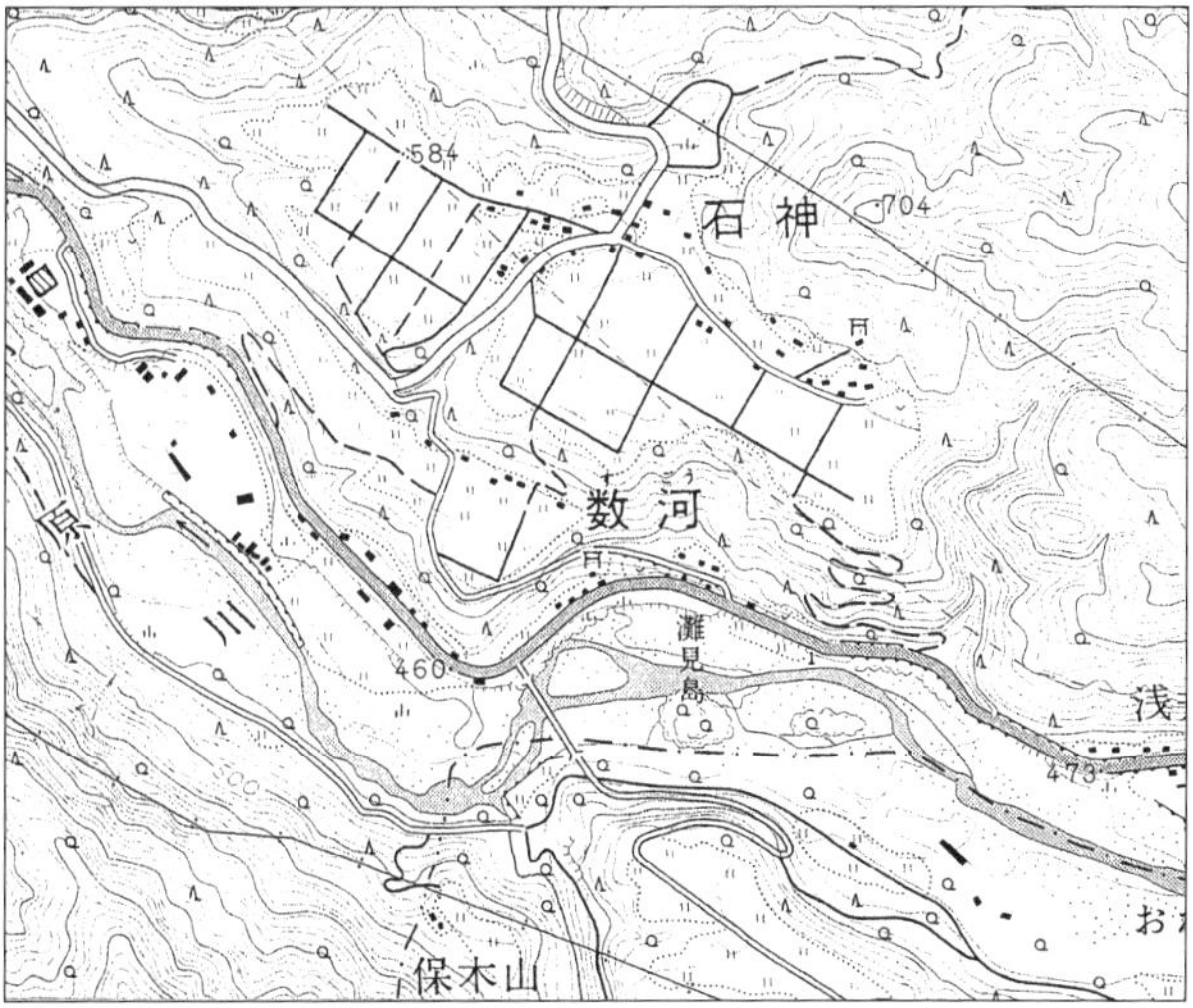

スキー場などで積もった雪が崩れて斜面を落下することを「雪崩《なだれ》」と呼ぶことは、雪国だけでなく日本中の子供たちが知っている。この雪崩もナ（地面、土地）タレ（垂）という語構成で、本来は「地面・土地が崩れ垂れる」現象すべてを呼んだはずだ。

それが雪原に限定されて使われるようになったのは、雪のナダレ（雪崩）が積雪地ではどこでも、毎年のようにほとんど必ず起きる。一方、崖崩れなどの土砂災害は、脆い地質・地形で、しかも降雨量が限度を超えた場合だけに起きる、という頻度の違いがあったから、としか説明できない。

ナ・タレが雪原の場合に限定されて使われるようになり、海面がなだらかな海域がナダと呼ばれた結果、崩れやすい陸地を呼んだナダはその意味が忘れられてしまった――というのが実情ではなかったか。

日本列島には「隠れた活断層」が無数にある

ここで、「活断層」という概念について、素人の見解を指摘しておきたい。その定義は、「（今から一八〇万年前に始まる）第四紀に活動した証拠がある断層」をいう。一カ月前に動いた断層も、百数十万年前に一度動いた断層も、ともに活断層である。

つまり、百数十万年前に動いただけの断層も、今後も動く可能性があればそれは活断層ということになる。東北地方太平洋沖地震のあと、東日本だけでなく全国で余震が頻発したが、中には広い意味では余震のうちに入るかもしれないが、直接的には関係ないと思われる地でもかなり大きな地震が発生している。そのうちの一つ、七月五日に和歌山県有田《ありだ》郡有田川町を震源としたマグニチュード五・四の地震が起きている。

はるか四五〇キロ以上離れた関東平野中央部、私が住む埼玉県上尾市でも相当の揺れを感じた。TV画面に震源は和歌山県有田川町と出たので、大冊の活断層研究会編『新編 日本の活断層』（東京大学出版会、一九九一年）の該当箇所を開いて見た。この震源域は中央構造線（メディアン・ライン）をなす和泉山脈南麓から二〇キロ余り南に位置しているが、明確な断層線は想定されていない。

ただし、海南《かいなん》市と有田市の市境付近の山地を震源として昭和二年（一九二七）十二月にマグニチュード四・九、同四年（一九二九）一月にマグニチュード五・八、さらにその東方約一三キロの現・紀美野《きみの》町南部で昭和六十二年（一九八七）五月にマグニチュード五・六の地震が起きている。いずれも被害はほとんどなく、生石《おいし》高原を挟んで東西に延びる稜線上には、活断層は設定されていない。

つまり結論からいうと、活断層が想定されていようといまいと、地震はいつでもどこでも起きる可能性があるということだ。百数十万年前の古傷が突如再び痛み出して、それが大きな病巣だったなどということが、この日本列島では日常茶飯事なのである。

近接する場所で連続して地震が起きたり、目に見える地形的特徴があれば、地震学者がトレンチ（深溝掘削）調査をし、明らかな断層の痕跡が認められれば学会で報告され、そこで断層として認定される。

あるいは、考古学者が先史時代の遺跡を発掘・調査中に過去の断層地震の跡が確認され、文献や近隣の地層と照合されて、断層であったと判定されることもある。

現在判明している断層線や断層帯といったものは、このようにたまたま断層があるのではないかという予測があったり、予測なしに何らかの調査の手が入って断層だった、と認定されたものである。それ以外の、百数十万年前からの古傷の悉皆《しっかい》調査は行われていない。

陸上でもそうだから、海底における断層の有無などは、よほど大きな地震が起きた地点などを除き、ほとんどもうわからないというのが実情なのである。

私の郷里、岡山市付近は、半径四〇キロ圏内に活断層は認定されていない。県庁所在地で近くに活断層の所在が認められない地は、ほかに栃木県宇都宮《うつのみや》市ぐらいであるが、だからといって岡山市や宇都宮市は地震の心配がない、とは言い切れない。

中国山地では弥生時代後期から鉄穴《かんな》流し（砂鉄の採取）による踏鞴《たたら》（足で踏む大型のふいご）製鉄が盛んで、それにより排出された土砂が下流に運ばれて堆積し、広大な岡山平野をつくった。とくに児島湾岸ほかには中・近世以降の干拓地が広く、その沃野《よくや》の下に活断層が隠されていても、現在の地表面からは何も分からない。

宇都宮市の場合も、日光《にっこう》火山・那須《なす》火山の噴出した堆積物が厚く積もり、それが鬼怒《きぬ》川扇状地を形成して、数万年前の断層を隠している恐れがある。いつ、どのような大地震が発生しても、地球の歴史、日本列島の成り立ちから考えれば、何も不思議とするに当たらない。

今回の東日本大震災の教訓としては、地震学という狭い分野だけでなく、地形学・地質学・火山学・考古学・地理学・文献史学ほか関連学問の壁を取り払い、各分野の総力を結集して、列島の隅々まで過去の地震の全貌、断層の悉皆調査を実施すべきではないか。

明治以来、この国の大部分の学問分野では、欧米の先進知識を輸入・翻訳する〝ヨコ↓タテ方式〟が学問の中心であった。今回の大震災とそれに伴う原発の破綻《はたん》という事態は、明治以来のタテ割り学問、タテ割り行政の破綻をもろに証明した。

今、我々に迫られているのは、明治以来百四十年の科学知識の再統合・再編成である。この災害列島で子々孫々まで生き抜くための日本的分析科学、多種多様な災害に対処するための日本独自の防災政策の再構築に全力を挙げて取り組まなくてはならない。

地名学も、この大地に刻まれた刻印を分析する科学として、新たな視点で再構築が図られなくてはならないだろう。

2　アハ（暴）は地震痕跡地名だ

旧・国名「安房」は地震で隆起する地

「安房《あわ》」はいうまでもなく千葉県南部、房総《ぼうそう》半島の南端部を占める旧・国名である。かつて館《たて》山《やま》市・鴨川《かもがわ》市と安房郡七町・一村からなっていたが、平成十八年三月二十日に六町一村が合併して南《みなみ》房総市が成立、現在では三市のほか安房郡には鋸南《きょなん》町が残るのみである。

今では「安房」という旧・国名より「房総」のほうがなじみが深くなったが、本来は「房総」とは安房と上総《かずさ》・下総《しもうさ》両国の国名を合わせて、明治中期に半島名としたものであった。だから、南房総市という市名は「房総半島の南部」という表現の略称である。

ついでに指摘しておくと、上総・下総は古代の国郡制以前は「総《ふさ》の国」で、安房の「房」の字の訓にはフサもある。つまり、現在の千葉県一帯（東京都・埼玉県の旧・葛飾《かつしか》郡と明治以降に茨城県に属した下総国相馬郡・猨島《さしま》郡・結城《ゆうき》郡・豊田《とよだ》〈岡田《おかだ》〉郡も含めて）は、西の現・東京湾と北の古代の香取《かとり》海（千葉県銚子《ちょうし》市の利根《とね》川河口から柏《かしわ》市と対岸の茨城県つくばみらい市あたりまで入り込んでいた内海。現在の霞ケ《かすみが》浦・北《きた》浦・印旛《いんば》沼・手賀《てが》沼などもその一部）を塞《ふさ》ぐように延びた地が「フサの国」で、その意味するところは「（北側と西側の）入り海を塞ぐ国」のことだった。

だから、安房と上総・下総の両方の字を組み合わせた「房総半島」という呼称は、地形上はあながち根拠がないわけではない。

その「安房」の旧・国名については、大同《だいどう》二年（八〇七）に斎部広成《いんべのひろなり》が著した『古語拾遺』に、斎部氏の祖・天富命《あめのとみのみこと》が阿波の斎部一族を率いて移り住んで同音の「安房」と名付けた、と語られている。この書は宮廷祭祀権をめぐって中臣《なかとみ》氏に圧迫された斎部氏の遺恨の書（『角川日本史辞典』）的な性格を持っており、いわば斎部氏の存在証明（レゾン・デートル）を主張するもので、その内容に格別な歴史的説得力があるわけではない。

後述するように「阿波」「安房」などアワ（アバ・アハ）系の地名は全国に無数にあり、これは「別地同称＝同じような（地形など）場所には同じ地名が付けられる」という地名の一般的原則に従って解釈されるべきである。それなのに、いちいち個別の民族・部族・氏族の大移動に起源があると主張するのは、余りに主観的であり伝説的にすぎるといわざるをえない。

戦後、『記紀』が語る古代の記録や物語を作為に満ちた伝説と斬って捨てる風潮が歴史学の主流になったが、一方で同じ論者たちが日本列島の隅々まで地名のあれこれを朝鮮語起源とする風潮を蔓延させた。

地名は第一義的には、それぞれの土地の在地の民が生活の必要上から誰いうとなく使い始めたもので、それを民族の移動とか文化の伝播という上から目線のみで説明されては、それぞれの土地ごとの歴史的独自性は頭から否定されてしまう。

「阿波」との類似と違い

ところで、旧・国名「安房」について、私は初め、四国にある旧・国名の「阿波」と同じく「崖地」と見ていた（共編著『古代地名語源辞典』昭和五十六年刊）。

四国の阿波国の場合、同名の阿波郡があり、この郡には昭和九年に天然記念物に指定された「阿波の土柱《どちゅう》」の奇勝がある。土柱は地下の土壌の固い層が一〇〇本ほど、長年の風と水による浸食作用によって地表に柱状に突き出た珍しい地形、とされている。ただし、この付近はちょうど中央構造線の真上に当たっており、風と水による浸食だけでなく、過去に何度も起きたはずの地震の作用も加わっていたのかもしれない。

直接の起因はともかく、「阿波の土柱」は、ヨーロッパ・アルプス東部のオーストリア・チロル地方にみられるティルや、アメリカ西南部のモハーベ砂漠のモニュメント・ヴァレーそっくりの浸食・風化地形である。

だからこの「阿波」の地名は、「本来は地中にあったものが地表にアバかれた（暴き出された。暴露された）地」という命名である、と考えた。

この四国の「阿波」の国名が頭にあって、同じ読みの「安房」も同系の語源と考えて、「崖」としたわけだった。地形図で確認すると、館山市と旧・白浜《しらはま》町の境に広がる神余《かなまり》山地を曲流する巴《ともえ》川沿いには崖地記号がたくさん記されており、それが「崖」と断定する根拠となった。崖もまた、地表が浸食されて剝き出しになった地形である。

だが十五年ほど前、大手出版社の事典局の仕事をしていたとき、仲間十数名と今は南房総市となった旧・千倉《ちくら》町の海岸にあった保養所に泊ったことがあった。翌日、旧・白浜町の野島《のじま》埼《ざき》灯台を訪れた。

そのときに貰った観光パンフレットだったか案内板かに、「この岬は元禄十六年（一七〇三）の元禄関東地震までは岩礁が重なった海中の島だったのが、その地震で隆起して陸続きとなり、大正十二年（一九二三）の関東大震災で周囲の岩礁もさらに隆起した」とあった。私はそれまで、うかつにもそれほど隆起したことを知らなかったが、これで一件落着した。

地震で島や岩礁が隆起するとは、すなわち海中にあって隠れていたものが暴露される（アバかれる）、ということである。

考えてみれば、野島埼だけでなく房総半島南岸一帯は、いたる所に隆起した海岸段丘《かいがんだんきゅう》が発達している。地震のたび、二、三メートルとか四、五メートルずつ隆起し続ける土地柄であった。

以後、私は「安房は地震によって隆起した地形に付けられた地名」と確信している。

野島崎と巴川流域

5万分1「館山」(X0.7)

新潟県粟島も地震で隆起した

同じく「アハ（アワ）」といえば、新潟県村上《むらかみ》市の岩船《いわふね》港から北西に三六キロ、日本海に粟《あわ》島がポツンと浮かぶ。一周一八・五キロ、標高二六六メートルの小柴《こしば》山を中心とする山がちの島で、東岸の内浦《うちうら》と西岸の釜谷《かまや》の二つの集落に一三一所帯、三六五人が住み（平成十七年十月の国勢調査による）、一島で岩船郡粟島浦《あわしまうら》村を構成している。

江戸時代は北回り航路の避難港として知られ、近年は漁家による民宿が盛んで、大謀《だいぼう》網（大型の定置網）とワッパ料理が名物だった。私は若いころ、女性週刊誌の旅行記者をしていたが、一度は訪れてみたい島の一つだった。

この粟島でもう一つ興味があったのは、昭和三十九年（一九六四）六月十六日の新潟地震で、島全体が一～一・五メートルほど隆起した、と聞いていたからでもあった。結局、この島への取材は果たせていないが、今でも訪れたい島の一つではある。

新潟県佐渡《さど》島周辺では、江戸中期の宝暦《ほうれき》十二年（一七六二）旧暦九月十五日、推定マグニチュード七・〇の地震が起きていた。その後、約二〇〇年間この付近では大きな地震はなかったのだが、昭和三十九年になって佐渡島北東方約六〇キロ地点、粟島南方一二キロ地点を震源とするマグニチュード七・五クラスの新潟地震が発生したのである。

佐渡島の周辺には北米プレートとユーラシア・プレートの境界が走っており、この断層帯は太平洋側のような明確な一本のもぐり込み帯ではなく、どうやら並行する何本もの断層帯で構成されているらしい。その並行線をなして断続する海底の断層帯の一本が動いたのが、昭和三十九年の新潟地震だった。

ところで、一回の地震で一〜一・五メートル隆起したとなると、この粟島の最高所は二六六メートルだから、同規模の地震の一七〇〜二六〇回分でほぼ現在の高さまで隆起する。かりに四〇〇年に一回、新潟地震の場合と同規模の隆起があるとすれば、七万年から一〇万年余りかかる。途方もない年月だが、第四紀の一八〇万年から比較すれば、その二〇分の一以下の時間でしかない。

そんな計算をしなくとも、粟島に住んできた人びとには「この島は地震があるたびに海底が隆起して陸地になる」という事実認識が代々引き継がれてきて、その認識から島名が命名された、と私は考える。「イネ科のアワしか栽培できない島」という地名解釈は、島の生活を知らない者が言うことだ、と断罪しておきたい。

すでに三世紀末、中国人史家・陳寿《ちんじゅ》が著した『魏志《ぎし》』倭人伝《わじんでん》の中で、対馬に関し、「千余戸あるも良田なく、海物を食らいて自活し、舟に乗りて南北に市糴《してき》す」とあるではないか。

私の生地も瀬戸内海の海村で、船が主要な交通手段だったが、戦後の物資不足の昭和二十年代でも、東京・大阪ほかの都市近郊よりはるかに物資は豊富だった。

なお、「粟島」という名の島はもう一つ、香川県三豊《みとよ》市の荘内《しょうない》半島東岸沖の島が知られるが、この島は紀伊国淡島《あわしま》（淡嶋）明神を勧請したことから名が出たという。その和歌山市加太《かだ》の淡島神社が鎮座する地も、中央構造線のすぐ北に接しており、歴史時代には明確な地震の記録はないが、隆起し続ける地形であろう。

淡路も「アバかれる地」か

前述した平成七年の兵庫県南部地震（阪神・淡路大震災）の震源は明石海峡東方の海底だったが、淡路島西岸北部を走る野島《のじま》断層では、右横ずれが二メートル、高低差約一メートルの段差が認められた、という。この地震が発生するより先、地震学者はこの断層の変動幅を二万年間で右横ずれが約二〇メートル、高低差が九・五メートルあったことを測定していた。淡路島北部の最高所は淡路市の妙見山《みょうけん》（標高五二二m）だから、今回の兵庫県南部地震を平均と仮定すれば、一〇〇万年間で五〇〇回ほど隆起して現在の高さになった計算になる。

ところで、「淡路」という旧・国名については、『日本書紀』神代《じんだい》紀の国生み神話に、イザナギとイザナミが共為夫婦《みとのまぐはひ》をして最初に生まれた子が淡路だったが、「意に快《よろこ》びざるところ」があって、淡路洲《しま》と名づけた、という。和語のアハには「そっけない」とか「薄い」「軽薄」などの意が含まれているらしく、あるいは現在でも使うアハウ（阿呆）などの語にも通じるのかもしれない。

国名「淡路」の語源については、本居宣長『古事記伝』以来、「阿波に行く道筋の地」説が定説化している。古代の官道の南海道は大和国宇智《うち》郡（現・奈良県五條《ごじょう》市）から紀伊国に入り萩原《はぎわら》駅（現・和歌山県伊都《いと》郡かつらぎ町）を経由、畿内《きない》との境とされた兄《せ》山（現・かつらぎ町の背《せ》ノ山〈標高一六八ｍ〉を越えて紀ノ川北岸を西へ、名草《なくさ》駅を経て加太《かだ》湊から淡路に渡り、さらに鳴門《なると》瀬戸を越えて阿波国に渡ったから、この説を積極的に否定する根拠は何もない。

ただし、大化前代の古代人が、地震のたびに淡路島が隆起することを承知していたことも否定できない。『記紀』の国生み神話が淡路島を胞衣《えな》（胎児を包んでいるもの）としたり、イザナギ・イザナミの第一子としたりするのは、和語のアバクには漢字で表わせば「暴」の字のほかに、「発」で表わせる「開く。はじける」意があるからであろう。

国生み神話には、「国の原点が出発した地」、すなわち「国土としては小さいけれどもアハ（発）」の国から話を始める必要があったわけである。当然、「地震のたびに土地が持ち上がる地」という認識もあったはずである。

京都の粟田口も断層線が集中する地

京都市東山《ひがしやま》区と左京《さきょう》区にまたがって「粟田口《あわたぐち》」という地区がある。臨済《りんざい》宗大本山・南禅《なんぜん》寺の近くで、三条大橋《さんじょう》から東へ旧・東海道が通じ、蹴上《けあげ》の峠道を越えると山科《やましな》盆地になる。

粟田口は「京の七口《ななくち》」の一つで、東国から京に入る最重要な交通路であった。「粟田」の地名は『和名抄』山城国愛宕《おたぎ》郡に粟田郷・下粟田郷の名があるから、おそらく平安京造営以前からあった古い地名と思われる。

この京都市の「粟田」も、地震・断層に関連する地名と思われる。滋賀・京都・奈良・大阪・兵庫の各府県からなる畿内中心部は、古代から近世まで都宮《とぐう》が置かれた枢要の地であるが、その日本の中枢はまた縦横に断層帯が交差し、史上何度も地震に揺さぶられ続けた地でもあった。

近江盆地と伊賀《いが》盆地、京都盆地と奈良盆地、大阪平野はいずれも東西を構造性の山地に隔てられているが、その山地と盆地・平野の境目にはいく筋もの断層帯が走っている。

京都市の東部には、そうした断層線の一つの花折《はなおり》断層が琵琶湖西岸の大津市花折地区から南に京都市左京区の吉田山《よしだやま》西麓まで走っている。さらに、この花折断層の南の延長線上に清水山《きよみずやま》西断層、花折断層の東に並行して鹿ケ谷《ししがたに》断層と花山《はなやま》断層が延びる。左京区岡崎《おかざき》周辺は京都でも屈指の景勝地であるが、歴史上何度も地震を起こした〝地震の巣〟でもあった。

判明しているだけでも、承平《じょうへい》八年（九三八）旧暦四月十五日（推定マグニチュード七・〇）、正和《しょうわ》六年（一三一七）旧暦一月五日（推定マグニチュード六・五～七・〇）、正平《しょうへい》五年（一三五〇）旧暦五月二十三日（推定マグニチュード六・〇）、応永《おうえい》三十二年（一四二五）旧暦十一月五日（推定マグニチュード六・〇）、寛延《かんえん》四年（一七五一）旧暦二月二十九日（推定マグニチュード五・五〜六・〇）と、ほぼ同じ場所を震源として地震が起きている。

伊藤和明《いとうかずあき》『地震と噴火の日本史』（岩波新書、二〇〇二年）によれば、この左京区南部を震源とする地震のほか、京都盆地西部、伏見付近など盆地中・南部、そして琵琶湖沿岸を震源とする地震でも京都市街は大きな被害を受けており、京都は平均して一六〇年に一度、大地震に見舞われているという。

京都盆地の中の山科の副盆地、吉田山の東の鹿ケ谷の小盆地は、このような盛んな地震活動による断層が形づくった地形である。

平安京は、桓武《かんむ》天皇が延暦《えんりやく》十三年（七九四）、「永遠の平安」を願って遷都した都宮だったが、絶え間なく災害に襲われ続けた。日本の歴史を考えるとき、その底流には地震をはじめとする災害があり、都でもそれぞれの地方の被災地でも、人びとは絶えずさまざまな災害と闘い続けたことを忘れるわけにはゆかないだろう。

その〝地震の巣〟のような岡崎・粟田だが、この付近は地震の記録を並べるまでもなく、危ない場所だな、と直感できる地形でもある。我々の世代は新選組《しんせんぐみ》や鞍馬《くらま》天狗《てんぐ》をヒーローとする時代劇映画で、「東山三十六峰、草木も眠る丑三《うしみ》つ時《どき》……」の科白《せりふ》を聞いて胸を躍らせた。

京都付近の断層分布と震源

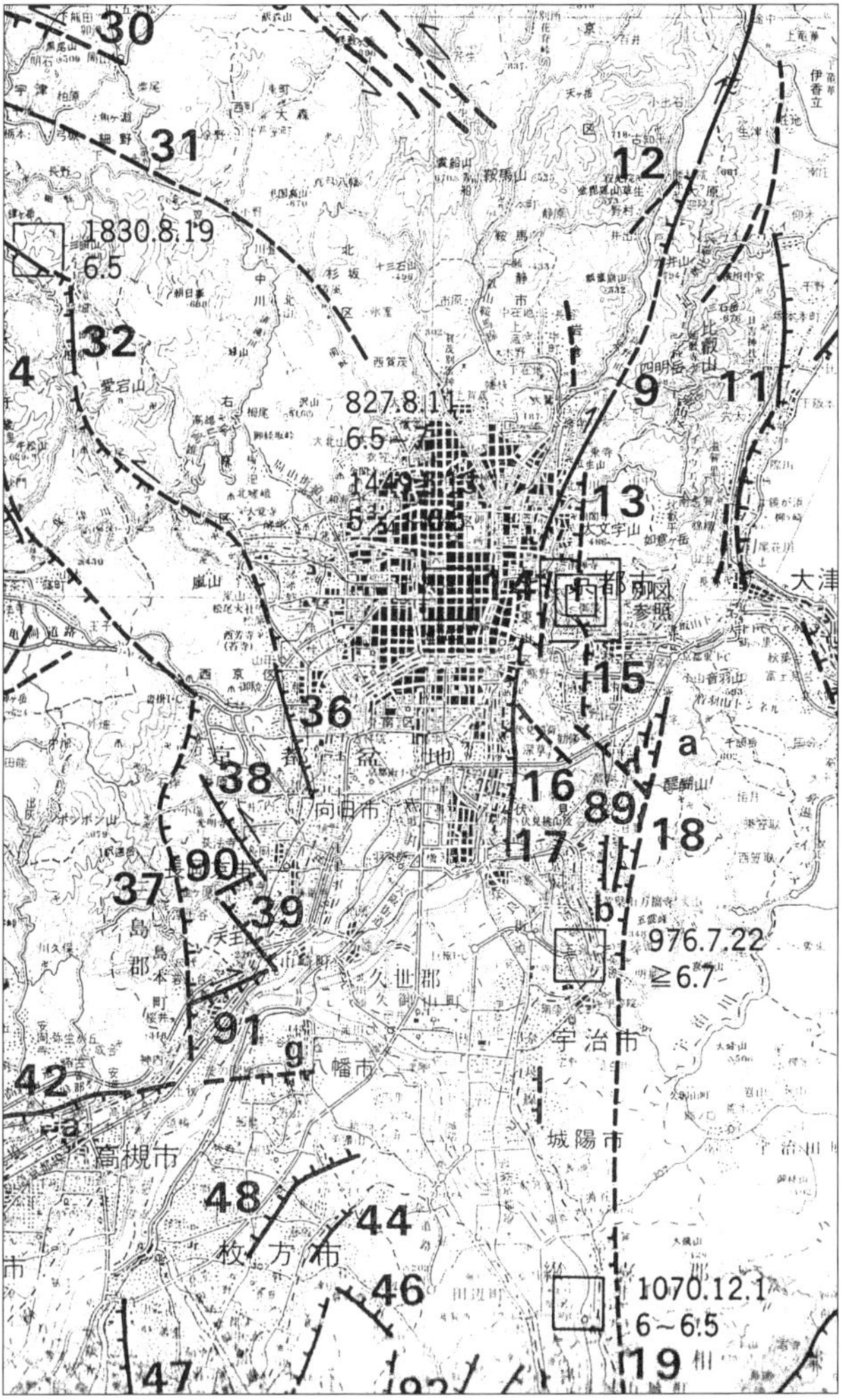

活断層研究会編『新編　日本の活断層』（東大出版会）より

その「東山三十六峰」は名数《めいすう》地名の常で山名はどれとどれか、三十六の数自体確定できない。比叡山《ひえいざん》は三十六峰に入るのか入らないのか定かでないが、大文字《だいもんじ》山・如意《にょい》ケ岳は確実に三十六峰のうちである。その如意ケ岳の南で尾根筋はいったん途切れ、四キロほど西南西にずれて将《しょう》軍塚《ぐんづか》・花山《かざんやま》山・清水山・稲荷《いなり》山・極楽寺《ごくらくじ》山……と南に続いてゆく。

問題は大文字山・如意ケ岳の山塊と将軍塚以南の稜線が、前述したように粟田口の蹴上を境に西南西に四キロもずれていることである。このような〝ずれ〟は、並行する二つの断層に特徴的な地形である。

もし、道路などの人工の構造物がこのようにずれていたなら、それだけで比較的新しい時代に動いた断層の存在を証明している。人工の構造物でなく、山の稜線や川の流路だけがずれたり食い違ったりしていれば、それは人間の生活が活発でなかった先史時代、人類がいなかった地質時代に断層が動いたことになる。

つまり京都市左京区・東山区にまたがる粟田・粟田口の地名は、先史時代・地質時代に断層が活動し、のちの時代にも地震活動が続いた結果、古代人がそれに気づいて「アハ（暴露）」と呼び始めた地名である、とも推測できる。

3 石は現れ、岩は流されない

海から露出した畳ケ浦の千畳敷

明治五年（一八七二）旧暦二月六日、当時の浜田県（明治三年二月〜同九年四月までの旧・県名）・島根県を中心に地震が発生した。本震は推定マグニチュード七・一で、同月末までに十余回の余震があり、旧・石見国の総計で倒壊家屋四〇四九軒、半壊五四二九軒、焼失家屋二三〇軒、死者五三七名という被害を出した（当時の島根県域を含めると死者数は五五〇名）。

この地震の震源地は江《ごう》の川河口北西沖約一七キロの日本海で、水深一〇〇メートル付近の海底の断層が動いたものらしい。現・浜田市国分《こくぶ》町の海底が一・五メートル前後隆起し、畳ケ《たたみが》浦《うら》・千畳敷《せんじょうじき》の奇勝が出現、のち国の天然記念物に指定された。

もっとも、付近の海岸が一円に隆起したわけではなく、『新編　日本の活断層』（東大出版会、一九九一年）に収載されている藤森らの調査によれば、隆起海岸と沈降海岸が交互に見られ、沈降した部分は〇・五〜一・二メートルに達していた、という。

この畳ケ浦の海岸は江戸期には「琴高浦」とか「床の浦」の名があったといわれ、おそらく歴史上何度も隆起と沈降を繰り返していたもの、と思われる。

旧・国名「石見」の名は『日本書紀』斉明天皇三年（六五七）に見えるが、おそらく大化の改新前後に成立していたのであろう。事の推移を考えると、そのころ明治五年と同様の地震があって、同じように海岸が隆起したので、それを瑞兆《ずいちょう》として「石見」の称が成立したのではないか。海中にあった土地が隆起し、陸地になったという出来事を目出たいと感じる感覚は、古代人も現代人も同じであろう。

石見国の国府所在地については諸説があって確定できないが、那賀郡八郷のうちに「石見」郷の名があり、浜田市中心部とその周辺に比定されているから、畳ケ浦を含む地域と推定して間違いあるまい。

「石」と「岩」の地名と地震・津波の関係は？

今回の東日本大震災の被災地には、「石」や「岩」のつく地名がやたら多いことに気づかれた方も少なくないはずである。「石」や「岩」の地名は、分かりやすいようで、実はなかなか手ごわい。

地形学の概念に「岩石」や「砂」は存在している。岩石とは「複数の鉱物や化学物質が集合した固体」と定義されている。一方、「砂」については「岩石の風化した細粒で、粒径1／16ミリ以上2ミリ未満のものをいい、粒の大きさで極細粒・細砂・中砂・粗砂・極粗砂に分けられる」という。

ただし、「岩」と「石」の区別はない。先に述べた旧・石見国という国名も「石」をイハ（ワ）と読んでおり、こういう例は地名には多い。

現在の静岡県磐田市の名は、遠江国磐田郡の名によるが、磐田とは市の中心市街地の北に広がる洪積台地の磐田原の名に由来する。磐田原は、数十万年前、古・天竜川が山地から平野に出るあたりで西の三方原とともに広大な扇状地を形成した。その扇状地が隆起して（駿河トラフ・東南海トラフの地震活動によるか）、その隆起部分を再び天竜川が浸食（下刻作用という）して東西に分断したもの。

したがって、磐田原にも三方原にも拳程度の大きさの石が砂と混在しているが、「岩」という字で連想するような大岩はない。つまり、「磐田原」は「岩」の文字を使っているが、実態は「石田原」と呼んだほうが我々の感覚には合っている。それほど、日本語の地名では「岩」と「石」は混用されている。

イシ（石）地名はイソ（磯）のことか

東日本大震災の被災地のうち、岩手県釜石市の名は江戸時代初期の伊達家の絵図に、甲子川《かっし》中流に大岩を描いて「釜石」と注記しているので、この岩が地名の起源とされている。ただし、本来は甲子村の海岸部分に成立した集落（湊町）が釜石だから、この説はかなり怪しい。

記録された文書も、伊達家による南部領への侵犯行為を正当化するための記録だから、そのまま信ずるわけにはいかない。むしろ、地名用語のイシ（石）とイソ（磯）は広く混用されたらしいから、この地名も「釜磯」の転と考えれば、度重なる津波によって「釜状に抉られた海岸」になり、現地の地形にはよく合致する。

釜石港は港の入口に設置された津波防止用の防潮堤が脆くも崩れ、港内に渦巻く津波の映像を目にすると、まるで煮えたぎった釜の中に麺を投げ入れ、何度も何度もかき混ぜているような思いに囚われた。

三陸海岸には、同じ釜石市の両石《りょういし》や宮古市津軽石《つがるいし》など、「石」の字を「磯」に置き換えればすんなりと納得できる地名が点在する。

イソ（磯）という地名用語は、一般には砂浜ではなく岩石海岸を示すとされている。その考えを一概に否定はしないが、この用語は動詞イソグ（急）に通じ「急傾斜の海岸」あるいはそれが波に洗われて形成された岩だらけの海食台に使われた例が多いようだ。

もう一つ指摘しておけば、カマ・ガマという地名用語は、沖縄で鍾乳洞をガマと呼ぶように、浸食により釜状に抉られた地のことである。語源はカム（嚙）で、水の力で嚙まれたように凹んだ地形を呼んだものだろう。

語義矛盾に近い「岩のある沼」

宮城県岩沼市も、今回の津波では大きな被害を受けた。沿岸部は北隣の名取市同様、海岸から直線距離で四キロ、阿武隈川沿いでは流路に沿って約六キロ近くも津波が遡上し、市役所まであとわずかという距離まで迫った。

それにしても、「岩沼」とは語義矛盾に近い地名である。「岩のある沼」などという光景は、どう想像力を働かせてもなかなか目に浮かんでこない。地元の郷土史家は、「伊達家の家臣・和泉田某がこの地に築城したとき、付近に岩が多く、かつ沼にも臨んでいたので命名した」などと説明するが、地名の字面から無理やり解釈したような不自然さを拭えない。

この地名はむしろ、津波関連地名ではないか。津波は細かな砂や泥を根こそぎ浚ってゆく。津波が引いたあと、所によっては礫や大きめの砂が残されて、その削り取られた凹地に水が溜まっているという光景が目に浮かぶではないか。

イハ（岩）という語は、「イハフ（祝）」という目出たい動詞にも発音が通じる。次回に津波が襲ってきたときも、「岩のようにしっかり根を張って波にもっていかれないでほしい」、という願望も込められていたかもしれない。

石を巻いて押し寄せる津波

宮城県石巻市も、今回の津波によって惨状を呈した。渦巻いて押し寄せる津波は、もう身震いするような恐怖感があった。

この「石巻」の地名については、『日本書紀』仁徳天皇紀に載る「伊峙水門《いしのみなと》」をここに当てる説もあるが、大化前代のこの地方の開発状況からしてやや無理筋かと思われる。戦国時代、葛西氏は今も市の公共施設が集中する日和山《ひよりやま》に石巻城を築いて拠点としたといい、これが「石巻」の地名の最初の確かな記録だろうか。

また、市街北方の住吉《すみよし》公園内に烏帽子《えぼし》石があり、ここで波が巴《ともえ》状に渦巻いたから「石巻」の名が出たという説も根強い。この手の由来譚はもっともらしいが、どうしても〝眉つば物〟の感が強く、私はどちらかといえば否定的であった。

ただし、今回、津波が渦巻いてすべてを濁流に飲み込む凄まじい勢いを見て、考えをやや訂正するほかなかった。もっとも、日和山から北東に六〇〇メートル離れた烏帽子石が地名の原点とは断定できない。

むしろ「石」は特定の地物ではなく、「(津波がくれば)潮が渦巻く地」という表現に、それでも流されないものの象徴として「石」を冠したのではないか。それならば、烏帽子石そのものではなく、日和山を中心とする丘陵こそ、「流されないもの」の代表であったはずで、ここに拠点の石巻城を築いた葛西氏の炯眼《けいがん》にこそ注目すべきであろう。

4　石が動く、大地が揺らぐ

富山・石川県境の「石動山」とは？

能登半島の基部に広がる宝達《ほうだつ》丘陵の北半分は、石動山地の称がある。この地名は古く、イシユルギ→イスルギと転じ、漢字表記の「石動」を音読みして今では山名はセキドウザンと呼ばれる。石川県側の北西斜面は急傾斜、南東斜面の富山県側はややなだらかで、傾動地塊《ちかい》の典型とされる。

その点、「石動」という漢字表記は正訓地名→正音地名と見てよく、まあ分かりやすい地名である。この石動山地の北西側は、山麓線に沿って邑知潟《おうちがた》地溝帯と呼ばれる幅約三〜五キロの低地帯が延びている。地溝帯というのは、両側を走る複数の断層によって山地が隆起し、中央が取り残されて凹地となった地形である。

この石動山地はまさに山麓線の断層が山地を持ち上げ続けて、溝状の低地が形成された。隆起し続ける山地のほうは、山肌は脆く崩壊しやすい。まさに「石が揺らぐ。動く」地である。

柳田国男は昭和九年（一九三四）の講演で、石動山地北西麓の久江《くえ》なる地名（現・石川県鹿《か》島郡《しま》中能登町《なかのと》）に触れ、「崩れることをクエと言った」と正しく指摘している。

柳田は地名研究に着手した動機を「この国の山間地には異民族が居住していたのではないか」という興味からと述べているように、初期（明治末年から大正五、六年ごろまで）には、ほとんどあらゆる地名をアイヌ語で解くという大間違いを犯してしまった。

柳田のミスは、方言学者の東條操《とうじょうみさお》にそれとなく指摘されて、軌道修正を余儀なくされた。昭和ヒトケタ代に柳田を囲んで「民間伝承の会」が結成されたが、この集まりには弾圧を逃れて、山口貞夫《やまぐちさだお》ら東大新人会系の若手地理学者が集まってきた。

柳田は彼らから地理学的知識を獲得、適正な論調を展開するようになっていった。山口貞夫は昭和十一年（一九三六）、柳田の旧論もすべてまとめた形で『地名の研究』（古今書院）を編纂する。

山口は柳田の誤り多き旧説はのちに自らの手で批判・修正する、と思い定めていたのだろうが、いかんせん、六年後に結核のため早世《そうせい》する。日本の地名研究にとって、彼の夭折《ようせつ》は大いなる痛手であった。

ところで、邑知潟地溝帯の南東側の石動山断層帯、北西側の眉丈山《びじょうざん》第一・第二断層とも、歴史時代に入って大きな動きをした記録はない。千数百年間、さしたる活動をしていないということは、ひとたび動くとなるとかなり大きく動くことも予想される。

邑知潟地溝帯中央部

5万分1「氷見」(X0.7)

しかし問題は石動山地側ではなく、反対側の羽咋《はくい》郡志賀《しか》町に建設された北陸電力志賀原発の存在である。原発立地地点と邑知潟池溝帯とは約一五キロしか離れていない。コトが起きたあとで「想定外だった」という言い訳はもう通用しない。

その名も「揺らぐ丘陵」があった

大正十二年（一九二三）九月の関東大震災は、神奈川県三浦《みうら》市の三崎《みさき》港西南西約一二キロの相模トラフ付近で発生した。この相模トラフは相模湾の海底を南東―北西方向に走り、陸上では小田原市国府津から同市の東部を北へ、足柄上《あしがらかみ》郡松田町を経て北西の山北《やまきた》町へ延びる国府津―松田―神縄断層帯に繋がることはすでに述べた。

相模トラフの活動歴から見て、この一連の断層帯の次回の活動は陸地らしい、と見なされている。この断層帯の陸側の東方は淘綾《ゆるぎ》丘陵（余綾《よろぎ》丘陵ともいう）と呼ばれる。この丘陵も、前項の石動山地と同様、典型的な傾動地塊である。

つまり、地震のたびに断層が走る丘陵の西縁が隆起し続ける地形である。揺らいで傾くからユルギ（淘綾）丘陵で、「傾いてよろめくような地形」だからヨロギ（余綾）丘陵である。それを私は三十年前の『古代地名語源辞典』で、相模国余綾郡余綾郷を「砂が波に打ち上げられた地」と断定してしまった。痛恨の失敗だった。

渓綾丘陵西縁沿いに断層線が走る

5万分1「小田原」(X0.7)

余綾郡には同名の余綾郷のほか、伊蘇《いそ》郷もあった。現在の大磯町から二宮《にのみや》町にかけての海岸には淘綾浜の名が残るが、そのことにつられて余綾を海岸地形に由来すると判断したのが大間違いだった。

海岸の大磯町・二宮町あたりは、古代の伊蘇郷になる。ならば、余綾郷は海岸部ではなく、もっと内陸に求めなければならない。それは当然、「揺らぎ」が発生する国府津—松田—神縄断層に沿った地でなければならない。

これが、試行錯誤を重ねた末の私の現在の結論である。それにしても、陸地を震源にして関東大震災級の大地震が起きたら、神奈川県西部はどうなるのか。いや、この地は東京と名古屋・大阪を結ぶ鉄道・高速道の大幹線が通っている。

そのダメージは、今回の東日本大震災をはるかに超えるだろう。

5　危険地名の「加賀」になぜ原発が立地する？

島根原発の地は古代加賀郷だった

中国電力島根原発は松江《まつえ》市の島根県庁から九キロ弱、「県庁に一番近い原発」である。原発が安全ならば県庁に近くても問題はないはずだが、マスコミほか世間の暗黙の認識では、「県の中枢の県庁にこんなに近くて大丈夫か？」という心配が透けて見える。

中国電力にすれば、原発をつくるのならまずは山陰側の鳥取県か島根県というのは、まあ社の内外の常識だったろうから、それに財政難に悩む当時の八束《やつか》郡鹿島町が乗った、という構図だったろう。

原発の名称「島根」は建設当時、八束郡鹿島町に立地した施設としては問題なきにしもあらず。だが、立地地点の大字・片句《かたく》あたりは古代には出雲《いずも》国島根郡加賀《かが》郷のうちだし、島根郡の郡名は古代から明治二十九年まで存続していたから、まあ辛うじて合格点のうちだろう。ただし、問題は原発名の妥当性ではない。

島根郡加賀郷は、現在は松江市島根町加賀の名に残っているが、古代には旧・鹿島町片句からさらに西の手結浦《たえ》までを含んでいた（『角川日本地名大辞典　島根県』）。この説は上記辞典の筆者の独自の判断ではなく、『出雲国風土記』の加賀郷の項の末尾に「手結の埼」「手結の浦」の名がしっかり記されているからである。

現存する五つの「風土記」の中でも『出雲国風土記』は完成度が高く、掲載された地名（神社名も含めて）の数がきわめて多い。ただし地名の解説は、神話的・伝説的説明が多く、とうていそのまま信じるわけにはいかないが……。

そこで『出雲国風土記』の記された古代の加賀郷は、旧・島根町のほぼ全域と旧・鹿島町の北東部、犬堀鼻《いぬぼりばな》までの険しい海崖が続く一帯だった、と断定できるのである。

古代の加賀郷が東西一五キロに及ぶ郷域の中で、なぜのちの旧・島根町加賀に限定されたのかというと、それは『風土記』の記事による。

加賀郷の解説には長い地名由来譚が記されていて、「佐太《さだ》の大神《おおかみ》の御祖《みおや》の御子《みこ》の比売命《ひめのみこと》が『何と闇《くら》い岩屋であることか』と、金の箭《や》で岩壁を射抜いた（結果、暗い岩窟が光りカガやいた……と続く）」とある記事から、岩窟（現在の加賀の潜戸《くけど》）のある地に郷名が収斂《しゅうれん》されていったのであろう。

加賀とはどんな地形を表現した語か

現在の石川県は、古代律令制の加賀国と能登国からなる。金沢城を居城とした前田《まえだ》家は、江戸期には「加賀の殿様」と呼ばれ、幕末に藩名を名乗るようになると「加賀藩」と称した。だから、旧・国名の中では「加賀」は知名度の高いほうだろう。

この地名については、先の『出雲国風土記』の記事から「光り輝く」意と解釈する説が根強くあった。ところが柳田国男は、昭和七年の講演で「カガは中国地方のコウゲ、青森・秋田両県のカヌカと同じ語で高燥《こうそう》な草原のこと。アイヌ語起源ではない」と結論づけた。

初期の柳田の地名研究が、とにかく少々難解な地名はことごとくアイヌ語で解こうとしたの

活断層に囲まれた島根原発

活断層研究会編『新編　日本の活断層』（東大出版会）（「松江」・「大社」）

に比べれば大いなる進歩だったが、それでもまだ柳田の新説は隔靴掻痒《かっかそうよう》の感が否めない。

ここで結論を言うと、コウゲについては私の生地（大字）に「打高下《うちこうげ》」という小字（地籍名）があり、私は子供のころからどういう意味か考え続けてきた。「外《そと》高下」とか「中《なか》高下」などという小字は存在しないから、この地名は「内高下」ではありえない。となれば、接頭語のウチが頭に付いた「打ちコウゲ」という語形としか考えられない、それならば「打ちコグ」という動詞がすぐ、浮かんでくる。

我が郷里でコグとは、「欠く」意の方言である。天然自然の力で打ち欠いたような地形こそ、コウゲにほかならない。ならば、カガも動詞「欠く」の語幹のカに、「在りか、棲《す》みか」のカがついた語形（語尾が濁るのは連濁）であろう。

今の石川県金沢市あたりの加賀国加賀郡は、元々は県名になった石川郡の地も含んでいたが、弘仁《こうにん》十四年（八二三）、越前国から加賀国が分立したのち手取《てどり》川扇状地の地域を割《さ》いて石川郡を建てた。

残った加賀郡は、本来は郡名の元であった小立野《こだつの》台地とその周辺に限定された。犀《さい》川と浅野《あさの》川に挟まれた小立野台地は、柳田がいう「高燥な台地」であるが、台地の周囲は三方を崖に縁取られている。

カガとは、その連続する崖を「天然自然の力によって欠けた所」と認識した地名である。柳田がいう「高燥地」とは、周囲に崖を廻らせた台地特有の土地利用（土地不利用）の結果であって、語源ではない。

島根原発のある古代の出雲国島根郡加賀郷も、北から日本海の荒波が絶えず打ちつけ、陸地を徐々に欠いてゆく土地柄である。

原発建設の本来の目的からいえば、耐用年数とされる四十年、五十年どころか半永久的に維持され運転し続けなければならないはずである。それを、地名から見ても日夜、削られ続ける土地を、なぜわざわざ選んで建設するのだろうか。私には大いなる疑問である。

日本海の荒波だけではない。この島根原発が立地する島根半島は、活断層群が密集する地なのである。

今のところ、これらの断層が歴史時代に活動したというデータはない。だが何度も言うように、地震は断層が何千年、何万年もの眠りから覚めて、いつ、突如として再活動するか、誰も予測できない自然現象なのである。少しでも危険性がある場所は極力避けるべきは、いうまでもない。

Ⅳ章 災害危険地帯の地名を検証する

1 「湘南」は大丈夫か？

関東大震災の再発を避けて大宮台地へ

四十年余り前、独身の社員編集者だった私は、横浜市中区に住んでいた。根岸《ねぎし》境の丘の上からは、横浜の中心市街地（まだ横浜スタジアムは影も形もなかったが）と港の風景がよく見えた。東京までの通勤時間は一時間程度、伊勢佐木《いせざき》町は何度もブラついたが、丘の麓の元町《もとまち》の商店街でショッピングをした経験はない。

横浜はある意味では住み良い町だったが、冬季の雪が降った二、三日はどうにも始末が悪かった。現・JR根岸線の山手《やまて》駅から丘の上まで登り降りするのだが、舗装道路も細い土道もズルズル滑って、とても困ったものだ。まるで麦こがし（ハッタイ粉）を湯に溶いたような有様で、関東平野一円を覆う火山灰土壌（富士山・浅間山の噴出物が堆積したもの）の特質を思い知らされた。

数年後、川崎市の台地斜面で、建設省（当時）の研究所の地すべり対策用の実験で、取材中の記者が犠牲になる事件が起きた。私は横浜市在住当時の体験を思い出し、「さもありなん」と妙に納得したものだった。

当時、世間では「関東大震災六十年周期説」が囁かれていた。大正十二年（一九二三）から数えれば、六十年目まで十年余りに近づいていた。社員編集者だった私は、災害本の企画を立てて資料を漁った。

その結果、分かったことは、関東大震災の被害は都市の規模に比例して東京・横浜……という順ではなく、当然の話だが神奈川県下一円のほうがはるかに大きかった、という事実だった。関東大震災の被害状況を概観すると、東京から北では東京・埼玉の府県境（当時）をなす荒川《あらかわ》鉄橋は崩落したが、鉄道はどうやら大宮駅から北は無事だったらしい。

そこで私は、昭和四十三年末から埼玉県上尾市の公団住宅に住み始めた。同僚や友人・知人らから口を揃えて、「何で、埼玉くんだりに？」と質問されたり、湘南方面や中央線沿線に住むのが知識人の最低条件だ、などとしたり顔の〝忠告〟を受けたりもした。

のちに「ダサイタマ」と侮蔑されるようになろうとも、私には関東大震災の再発の可能性を考えれば、神奈川、湘南方面は「災害を避ける」観点からは選択の埒外《らちがい》だった。

中央線沿線については、交通は文句なしに便利だが、都心から意外に距離がある。とくに昭和四十三年末の「三億円事件」で〝不審《ふしん》の廉《かど》ある〟若者たちはみな、警察の身元調査の対象になっていると耳にして、高見順の小説のタイトルを借りれば「いやな感じ」だった。

以後、四十年余り、各地で大きな災害が起きるたび、被災地には申し訳ないが、私は標高二

○メートルの大宮台地の上に立つ賃貸鉄筋長屋に住んで正解だった、と一人秘かに胸を撫で下ろしている。

相模湾岸は津波常襲地帯だ

大正十二年九月一日の関東大震災の被害は、壊滅状態になった首都・東京の惨状については盛んに語られているが、実はその被害の程度は湘南をはじめ神奈川県下のほうが大きかった。津波被害も震源に面した相模湾岸各地はもとより、次ページの表で明らかなように東京湾岸の川崎・横浜・横須賀でも相当な被害が出ている。

相模トラフを震源とする大地震は、この関東大震災以前、歴史上記録に残るものだけでも以下のように多数にのぼるが、そのあらましを列記しておこう。

・正嘉元年（一二五七）旧暦八月二十三日　現・三浦市長井《ながい》沖約九キロ　推定マグニチュード七〜七・五

・永享《えいきょう》五年（一四三三）旧暦九月十六日　伊豆大島岡田《おかだ》港北東沖約一五キロ　推定マグニチュード七・○かそれ以下

・寛永《かんえい》十年（一六三三）旧暦一月二十一日　現・小田原市早川《はやかわ》沖約七キロ　推定マグニチュード七・○

関東大震災(大正 12 年)の府県・市別罹災者比率

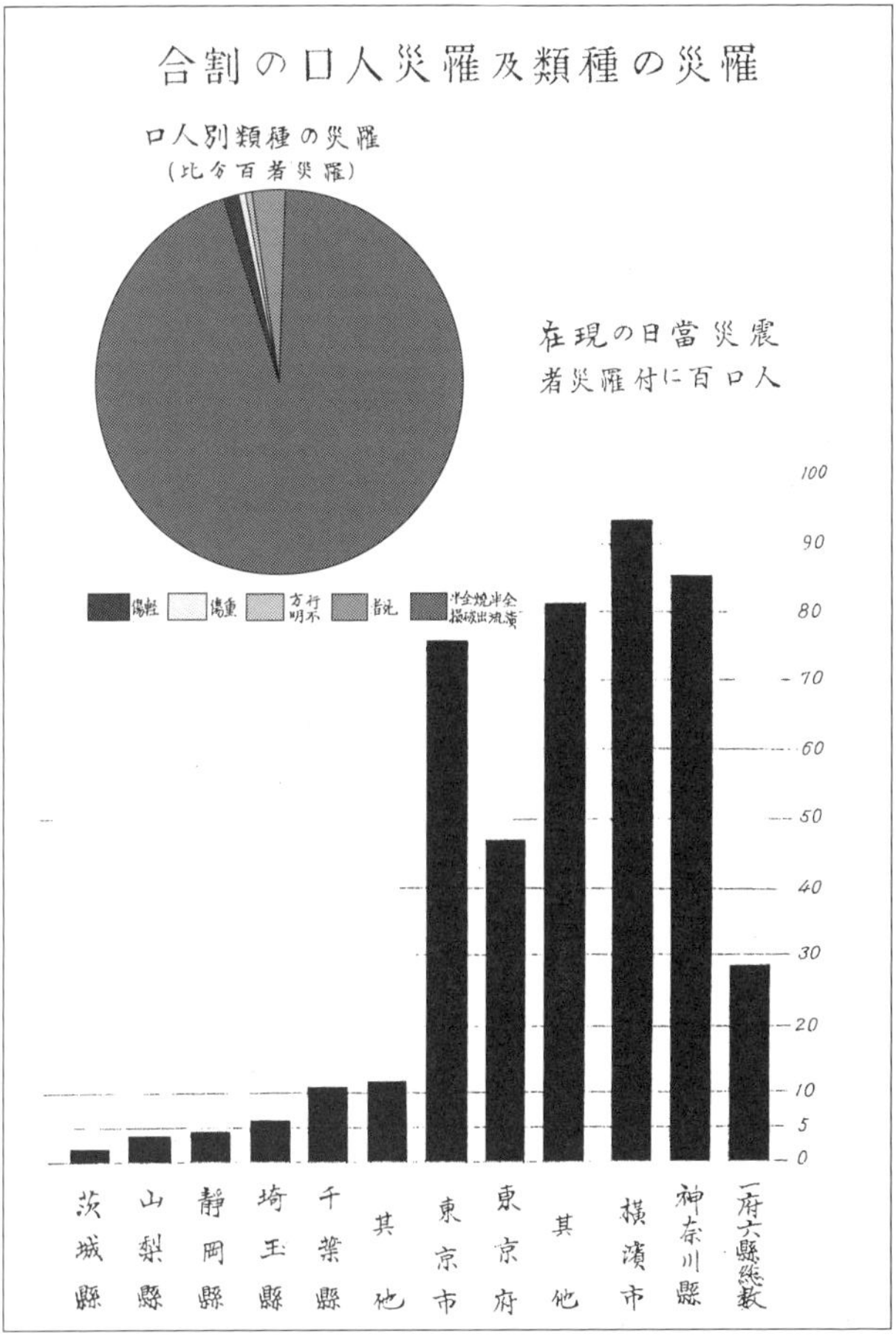

内務省社会局『大正震災志』内篇(大正 15 年)による

・慶安《けいあん》元年（一六四八）旧暦四月二十二日　現・小田原市早川沖約七キロ　推定マグニチュード七

・元禄十六年（一七〇三）旧暦十一月二十三日　房総半島南端の野島崎《のじまざき》沖約二三キロ　推定マグニチュード七・九〜八・二

この元禄十六年の地震は「元禄地震」と呼ばれているが、このとき江戸に下向《げこう》していた京都・下鴨《しもがも》神社の神官・梨木祐之《なしのきすけゆき》の一行が帰京の途次、宿泊していた相模国戸塚《とつか》宿で地震に遭遇し、以後数日間の道中の実況を『地震道之記』として記録している。池田正一郎『日本災変通志』（新人物往来社、二〇〇四年）から、少し長いがその被害記録を要約しておこう。

下鴨神社神官の『地震道之記』に見る惨状

［戸塚］　十一月二十二日　二十一日江戸の邸館を発し日暮《く》るる程戸塚の駅にやどりぬ。丑半刻《うしのはんとき》（注、午前一〜二時ごろ）ばかり大地震。戸障子《としょうじ》、小壁へたへたと崩れかかる。各々起きあがるにかなわず、座敷を這《は》ひもこよふ。……立ち上がらんとすれば、足をもためず、横に倒る。……戸塚は西と北と南の三方は火の手があがるも夜明け方に消滅す。

二十三日、戸塚宿中の潰れない家を捜したがない。皆人家傾倒し死人も多い。……宿所を捜し上倉田《かみくらた》村にて一家を捜し当て、ここに宿す。

日本付近の構造運動図

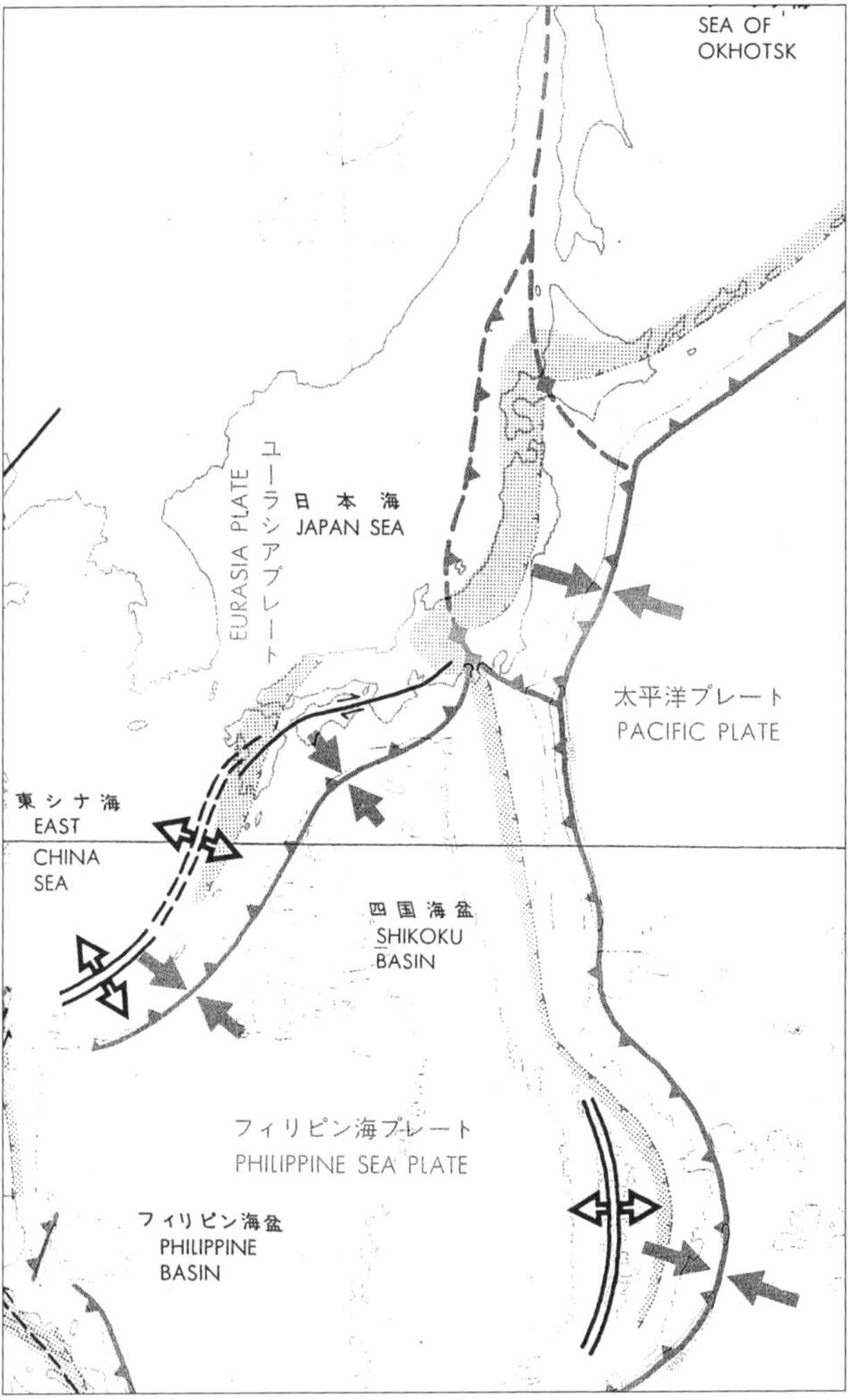

『新編　日本の活断層』付図より作成

［鎌倉］二十四日、地震やまず。……終夜、小雨降る。同行の伊賀守《いがのかみ》、鎌倉の状を見て帰り来て話す。「戸塚から鎌倉までの在郷ことごとく家潰れて見ゆ。貝殻坂《かいがらざか》の大切通しは山崩れて道ふさがる。……鎌倉在所も人家悉《ことごと》く傾倒。……。円覚寺《えんがくじ》は本堂、拝堂の石畳裂け破れ、泥水湧出し……。建長寺《けんちょうじ》は石垣塀など悉く崩れ、仏壇は崩れて本尊は下に落ちたり。……鶴ケ岡《つるがおか》への小坂は左右ともに崩れて往来出きず。八幡宮はさのみ傾損《けいそん》せず。神前の石の階《きざはし》、石の玉垣《たまがき》は悉く崩頽《ほうたい》し、中門の前の石灯籠、鉄灯籠悉く倒る。……由井《ゆい》の浜《はま》の辺は、津浪打ち寄せて通路かない難《がた》しと村人語るので行き到らず」と。

二十五日、昼間時々地震。夜中八、九度振動。戌《いぬ》刻ばかり、村人来りて言う。ただ今、江戸の方から酔狂人のような者、刀を抜いて旅人などの持物をむさぼり取り、吉田《よしだ》という村外れまで来た、と。戸塚駅中騒動した。

［藤沢］二十六日、上倉田村出発。途中。東海道の並木松、数多《あまた》倒れ、通行をさまたぐ。……

藤沢《ふじさわ》の駅は……悉く傾損。この駅では三十余人圧死すという。……小和田《こわだ》から南湖《なんご》への道は砂地なり、この間の人家、皆崩頽。

［平塚］平塚《ひらつか》駅も残った人家なし。花水《はなみず》橋（板橋長さ二十四間）は傾損せず。橋詰の土地大いに裂けて溝の如し。街道の大地裂けた所に悉く泥水湧出す。

〔大磯〕大磯駅の駅舎も過半顚倒、傾損。倒れない舎、四、五宇《う》ありと。亭主語るに「地震の後日、海の潮干ること二丁余、宿中の者、山に逃げ、二十六日まで居たと。二十二日夜地震の時、高浪来て沖の漁船多く破損した。この駅にて圧死者五十人余り。……

〔国府津〕国府津は人家柱の立ちたる軒は見えず。死人も五、六十人許《ばか》り。……酒匂《さかわ》川の在所も家の残りたる様子無し。五、六十人許り死す。馬四十四許り死す。……酒匂川の土橋崩落。

〔小田原〕小田原の入口番所顚倒。城も焼亡。宿中類焼せる焼亡の跡、墓の残らないよう。人馬の骸骨は所々に満ちみちて見ゆ。目も当てられぬ有様なり。臭気風に満ちて旅客鼻を擁《よう》して過ぎぬ。……駅の人に尋ねたら、宿中、男女千六百人程死す。往還の旅人は数を知らず。家を逃げ出して海辺に逃げ迷い、潮に取られた人々もどれ程かわからない。……

〔箱根〕小田原から風祭《かざまつり》、山崎を経て湯本《ゆもと》村に至る途中は山崩れ、大岩石が街道に横たわり、山の木倒れ、道を立ち塞ぐ。……双子山《ふたごやま》の大岩石落ちて道を塞ぐ。箱根の関所は傾損の様子なく、関所の辺の家七、八宇残る。峠は宿悉く顚倒、死者三十人余、馬三十疋許り死す。峠より上りの方（京に向かう方）の在郷は家の頽《くず》れた様子なく、山も崩れず。これより三島《みしま》駅までは地震の跡些《いささ》かも見えず。

〔伊豆方面〕三島の駅の人の話に、土肥《とい》、伊東《いとう》、宇佐美《うさみ》、熱海は二十二日夜、津浪にて人家多く没した。熱海は人家五百軒許りあるところ、僅《わず》かに十軒許り残った。荒井の沖にて二十二日の夜、米穀を積んだ廻船多く破損した由。……

以上が湘南を含む地帯の克明なレポートだが、その惨状が手に取るようにお分かりいただけるのではないだろうか。

いかがわしい「湘南」という地名

そもそも横浜に住んでいた当時から、前述したように、私は「湘南」という地名にある種のいかがわしさを感じていた。平成の大合併政策が始まる前から、自動車ナンバーに「湘南」を採用する話があり、その適用範囲をめぐって「どこからどこまで可か」の論議があった。マスコミ各社は適用地域の広狭の是非を盛んに論じたが、そもそも「湘南」なる疑似地名の成立過程や、地名として認定してよいかどうか、その是非に触れる論は皆無だった。

そして合併論議が始まると、神奈川県平塚市を中心に茅ヶ崎市・大磯町・二宮町などが合併して「湘南市」として政令指定都市を目指そう、という動きが起きた。平塚市の市会議員や商工会議所職員らが本家・本元との共通点を確認するためと称して、中国・湖《こ》南《なん》省の湘南地方（「湘」は湖南省の略称）へ視察に出掛けると報じられたので、私は堪忍袋の緒が切れた。

序章でも少し触れたが地名「湘南」は、日本人の多くは好感を持って受け止めているのだろうが、ありていに言って「由緒正しからざる、素性怪しき模倣地名」と断定せざるをえない。

なぜ、「由緒正しくない」のか、私は『こんな市名はもういらない！』(東京堂出版、二〇〇三年)で詳しく論証しておいたが、「湘南」の名が定着したのには、次のような経緯がある。

平安後期の歌人・西行《さいぎょう》法師は全国を漂泊、文学史上に残る数々の名歌を詠んだ。その一首、

心なき身にも　哀《あわ》れは知られけり　鴫《しぎ》立つ沢の　秋の夕暮れ

は『山家集《さんかしゅう》』に載るが、のちに『新古今和歌集』にも収載され、「鴫立つ沢」は歌枕名所として歌を詠んだ地が詮索されることになった。

「舶来趣味」から地名化

文明年間(一四六九〜八七)に東国を旅した准后道興《じゅごうどうこう》の『廻国雑記《かいこくざつき》』は、この歌が詠まれた故地を淘綾郡小磯《こいそ》の浜とした。これを受けて、江戸初期の俳人・宇野崇雪《うのそうせつ》が大磯宿の西はずれに「鴫立庵」を建てて、石碑の裏に「看尽湘南清絶地」の七文字を刻んだ。

ただし、吉田東伍『大日本地名辞書』は、この歌は高座《こうざ》郡の砥《と》上《がみ》原(現・神奈川県藤沢市南

部の鵠沼《くげぬま》あたり）で詠まれたとする『西行物語』の説を紹介し、いずれにせよ「鴫立つ沢」は地名ではないからどこかは特定できない、と述べている。

宇野崇雪は小田原・外郎《ういろう》家の人。外郎家は中国・元朝の臣で保険薬「霊宝丹《れいほうたん》」を調製していた大医院礼部員外郎《れいほういんがいろう》職にあった陳宗敬《ちんそうけい》が日本に亡命、博多《はかた》を経て小田原に来住、崇雪はその何代目かの子孫に当たる。

文人である崇雪にとって、箱根山を中国の長安と洛陽の中間にある要衝の函谷関《かんこくかん》になぞらえる日本文化の風に倣《なら》えば、相模国南部を「湘南」と呼ぶことに何の違和感もなかったのだろう。漢字の「湘」と「相」は日本でも呉音はソウ、漢音はショウで同じだが、中国各時代の発音も旁《つくり》が「相」だからまったく同じである。崇雪にとっては、「相模国南部」の「相南」を「湘南」に置き換えるのは文学趣味から出た洒落た言葉遊びの一つに過ぎなかった。

江戸時代の中期以降、箱根山を「函嶺」、墨田《すみだ》川東岸を「墨東《ぼくとう》」、京都の鴨《かも》川を「鴨沂《おうき》」という具合に漢語風に呼び変える風が流行した。本居宣長らの国学は、こういう風潮に対する危機感から勃興した和風回帰の文化運動であった。

だが、明治期はもとより今日に至るまで漢文化・中国文化を物真似する「舶来趣味《はくらいしゅみ》」はいっこうに衰えず、今度の平成の大合併でも岩手県「奥州《おうしゅう》」市とか山梨県「北杜《ほくと》」市・「甲州《こうしゅう》」市、島根県「雲南《うんなん》」市、徳島県「海陽《かいよう》」町などなど、百年、二百年後に中国人から「ここは俺たちの祖先が命名した土地だ」と主張されかねない漢語風新地名が多数新命名されている。

私は、漢文化にせよヨーロッパ文化にせよ、良いところを取り入れるのは大いに結構だと思う。だが、そこで心しなければならない原則の第一は、日本固有の文化を捨ててまで取り入れる価値があるかどうか、検討する必要があること。その第二は、時代遅れのものの後追いになるのではないか、という点。最後は、広い大陸で通用しても、この狭い日本列島でも有効なのかどうか、という点である。

戦前の帝国主義、武力による植民地獲得は、第二の点で間違っていた。今回の大震災では、これは第三の原則で失敗した。原子力による大量発電は、この狭く地震の多い日本列島では有効ならざるシロモノであった。アメリカ大陸で成功したからといって（実はアメリカでもスリーマイル島の段階で失敗は明白だったのに）、何の疑いもなく導入し拡大してきたのは、明々白々なミスであった。

危険がいっぱいの「湘南」地方

あえて「湘南」地名の批判を展開したのは、日本人の〝ブランド地名崇拝〟に一石を投じておきたかったからである。今回の大震災で、千葉県浦安《うらやす》市は「液状化現象」という予期せぬ災害に襲われた。前掲した梨木祐之『地震道之記』にも「大地裂けた所に悉く泥水湧出す」とあるように、地震で軟弱地盤の地が液状化するのは昔から知られていた。

しかし、千葉県浦安市の液状化現象に比べれば、神奈川県湘南地方で予測される震災の規模ははるかに大きい。三浦半島西岸から真鶴《まなづる》半島を経て湯河原《ゆがわら》町まで、いわゆる「湘南」地方には、いずれ必ず大地震・大津波が襲いかかってくるといわれている。その被害を最小限に止めるには、この地域への人口集中はできるだけ避けるべきだった。

もちろん、人びとが好ましい土地に自然に集住することを強制的に抑制せよ、とまで主張することはできない。しかし、だからといって文学的趣味からある種の「ブランド地名」を捏造し、人びとの集住を促進するのは、いかがなものか。少なくとも、「湘南」は江戸初期の文人が想像たくましく考案した架空の地名であり、「鴫立庵」も推定の産物であることを、史実に即して伝えるべきではないか。

同時に、この相模国南部は史上たびたび大地震・大津波に襲われた地であることも、事実に即して伝えられなくてはなるまい。それが、何時か必ず来襲する大地震・大津波に対する最も有効な対応策であろう。

相模トラフが起こす大津波だけではない。陸地の国府津―松田―神縄断層帯を横断して、日本の東西を結ぶ主要な幹線である東名高速道・東海道新幹線・東海道在来線がすべて集中し、断層の上を横切っている。

海の相模トラフか陸の国府津―松田―神縄断層帯が活動して大地震が起きた場合、東西交通をどう確保するのか。政府は、今からその対策を立て、十分な準備をしておくべきだと考える。

2　遠州灘沿岸は津波の常襲地帯だ

東海道見附宿は「水漬け」の意

浜名湖の今切口が大地震・大津波によって開口し、湖が海と繋がり汽水湖となったのは、明応七年（一四九八）旧暦八月二十五日のことである。この地震は南海トラフが動き、推定マグニチュード八・二～八・四の大地震・大津波が引き起こされた。

このときの地震の被害自体はそれほどでもなかったらしいが、津波は東は房総半島から西は紀伊半島沿岸まで押し寄せたという。伊勢《いせ》国大湊《おおみなと》（現・三重県伊勢市）では流失家屋一万一〇〇〇戸、死者五〇〇〇人、伊勢・志摩《しま》両国で溺死者計一万人、駿河《するが》国志太《しだ》郡（現・静岡県藤枝市と島田市あたり）で溺死者二万五〇〇〇人を数えたという（『理科年表』による）。

静岡県西部、現・磐田市の南部には古代から広い浦（潟湖か）が入り込んでいた。『万葉集』巻八―一六一五に聖武《しょうむ》天皇が遠江守《とおとうみのかみ》に返した歌一首、

大の浦の　その長浜に　寄する波　寛《ゆた》けく君を思ふ　このころ
（大乃浦の長い砂州に打ち寄せる波を思うと、君のことをゆったりと思い出すよ）

が載っている。平安中期の清少納言『枕草子』は、「浦は」の項の冒頭に「おほの浦」の名をまず挙げ、「塩竈《しおがま》のうら。こりずまの浦。名高《なたか》の浦」と続ける。

中世には、「大乃浦」の名に代わって「今《いま》の浦《うら》」の名が登場する。江戸時代、全国を歩測した伊能忠敬《いのうただたか》の「大日本沿海輿地《よち》全図」にも、その前の幕府調製の寛永国絵図にも、現・磐田市の市街地南側に大きな沼地が描かれている。

この国絵図と明治以降の測量図を比較して考察すると、旧・福田町《ふくで》（平成十七年に磐田市と合併）からJR東海道線が走る付近まで、海岸砂丘に半ば閉ざされた入江が入り込んでいた、と推測できる。これが古代の「大の浦」で、その南部に取り残されていた部分が中世に「今の浦」と呼ばれていたのであろう。

天竜川は古来〝暴れ川〟として知られるが、その下流部の古名は麁玉川《あらたま》と呼ばれた。『和名抄』遠江国麁玉郡（郡域は現在の天竜川西岸の浜松市東区あたり）の名ともなったが、その意味するところは、「タマ（網目）状の流路をした荒れる川」のことである。

天竜川東岸の磐田郡には入見郷《いりみ》の名もあったが、吉田東伍『大日本地名辞書』はこの郷は磐

寛永国絵図「遠江国」〈部分〉（寛永10年）

＊中央の見附宿の南方に沼が描かれている

田原台地と天竜川に挟まれた旧・豊田町（平成十七年に磐田市と合併）あたりとする。とすれば、「入見郷」とは、古代の「大の浦」の北西に続く入り海だったのかもしれない。

いずれにせよ、古代〜中世、磐田原台地にはその西〜南〜東側を取り囲むように潮入りの入江が広がっていた。

江戸時代、見附宿は江戸・日本橋と京の三条大橋からともに二七番目で、東海道五十三次のちょうど中間の宿駅だった。この「見附」とは東京に残る赤坂見附など江戸城の見附門（三六カ所あった）とは何の関係もなく、「（湖水に接する）水付《つ》けの地」か、あるいはしばしば津波に襲われて「水漬け」になる地のことか、のいずれかであったろう。

連動型〝超〟巨大地震もありうる静岡県一帯

現在の静岡県一帯は、頻度だけで見れば、日本列島で最も津波の危険にさらされる地域であろう。東北から関東地方の東方沖で起きるプレート型地震による津波は、被害の大小はともかくいずれ伊豆半島東岸をほぼ必ず襲うとされている。

駿河湾から南西に四国沖まで延びる駿河湾トラフ、東南海トラフ、南海トラフで起きた地震も、必ず静岡県沿岸に被害を及ぼすに違いない。

先に「湘南」の項でも指摘したが、この静岡県を東日本と西日本の結ぶ交通の大幹線が横断しているのである。駿河湾トラフを震源とする東海大地震は、静岡県富士《ふじ》市から掛川《かけがわ》市・袋井《ふくろい》市・磐田市、そして浜名湖南方沖などを震源域とし、トラフのやや内陸側で発生すると想定されている。

政府の地震予知連絡会では、東海地震をマグニチュード八・〇、今後三十年以内に発生する確率一〇〜一八パーセントと想定している。地震学者の間では近年、この東海地震は遠州灘〜熊野灘沖の東南海地震、紀伊半島沖〜四国沖の南海地震と連動して起きる可能性が高いという説が主流になってきている。

過去に起きた連動型の地震でも、数年間隔から数日間隔までパターンがあり、さらに今回の東北地方太平洋沖地震がそうだったように、ほとんど間髪を入れず一挙に連動した場合もある。地震予知連が想定するマグニチュード八・〇は駿河湾トラフ単発型の場合で、東南海・南海が一挙に連動した場合には今回と同様、マグニチュード九・〇はおろかマグニチュード九・五の超巨大地震だってありうる。

かつて一九六〇年に南米チリ沖で起き、はるか離れた日本の三陸海岸にまで達する大津波を引き起こした超巨大地震は、マグニチュード九・五を記録した。チリ沖で起きたことが日本列島周辺で起きない保証は、何もない。

私は数年前、先に述べた旧・福田町の福田漁港でハゼ釣りをしたことがある。太田《おおた》川河口左岸の地を掘りこんで新設された港だが、岸壁の背後に数メートルの高さの砂山（というより、上部が真っ平らな台地状の小山）が築き上げられていた。

「ははぁ、津波の避難用か」と得心したが、こんなものではほとんど何の役にも立たず、気休めにすぎないと思った。港にいる人たち数人が助かっても、津波がその人工の丘を越えたり、その背後に回り込めば数千人が命の危険にさらされる。

静岡県は、大地震対策が一番進んでいる県だという。だが、この程度の対策でコト足れりとするのであれば、甘いというほかない。

東は御前崎《おまえざき》から西は愛知県境まで東西七〇キロにわたって続く遠州灘砂丘は、所によっては海面から三〇メートル以上も高い地点もあるが、低い所は一〇メートル足らず、しかも天竜川や菊《きく》川・太田川など大小の河川の河口がぽっかり開口している。

近年、顕著になった現象は、この沿岸に大量の土砂を供給していた天竜川などの中流に大規模ダムがいくつも建設され、土砂の流出が止められていることである。いわゆる〝浜痩《や》せ現象〟が発生し、逆にこれまでに形成された砂丘がどんどん削られてきている。

昔は、砂丘が防波堤になって津波被害を最小限に止めることもあったかもしれないが、もうその役目を砂丘には期待できない。次に大地震・大津波が発生すれば、昔よりはるかに被害が拡大し、ずっと内陸まで津波が押し寄せることも大いに考えられる。

今回の東北各地の津波被害を見ると、静岡県沿岸こそ津波被害対策が早急に講じられなくてはなるまい。

かといって、七〇キロにわたって防潮堤を延々と築くなどという工事はとても無理で、現実的ではない。巨大な津波が襲ってきても、その波の力に耐えられるだけの丈夫な鉄筋コンクリート製の堅牢な避難用建造物を、少なくとも一キロ四方ごとに一、二カ所は用意しておかなくてはならないだろう。

正解だった浜岡原発停止措置

今回の東日本大震災では、政治の無策、官僚の不作為、電力業界の無責任、すなわち戦後の、いや明治以来の近代日本の問題点がモロに露呈した。今、我々日本人は、この地球上で生き延びてゆけるのか、生き延びる資格があるのか、世界中から注目されている。

政界・経済界・官界だけでなく、学界もマスコミも、その欠陥を見事にさらけ出した。なかでも菅内閣の無能ぶりはさんざん批判されたが、ただ一つ、浜岡原発の停止を打ちだしたことだけは評価してよいのではないか。

マスコミ、著名ジャーナリストらの多くは、浜岡原発停止措置を、やれ早計だとか横暴だとか、代替電力はどうするのか、などと難癖《なんくせ》をつけた。だが、考えていただきたい。明日にでも、浜岡の直下で東海地震が起きたら、一体どうなるのか。

日本列島の形はほとんど変わらず、〝沈没〟はしないことは断言できる。だが日本と日本人は、破滅の危機に瀕するだろう。この大きくない列島の二カ所で原発破損が発生すれば、日本列島の形は残っても人間が住むところはもうない。小松左京が描いたように、日本人は哀れにも世界をさすらうのだろうか。

今回の福島第一原発の破綻は、説明されているように〝想定外〟の大きさの津波によるもの、と私も信じたい。

しかし、震災直後、何人かの専門家筋から、「津波来襲以前に、地震の揺れそのもので、原発施設の中枢部分が破壊されていたのではないか」と指摘されていた。この議論はいつの間にか、ウヤムヤに消えてしまったが、ありえない話ではない、と思う。

東日本大震災から五カ月半過ぎたアメリカ・ワシントンDCで、マグニチュード五・八の地震が起き、彼の地では「何十年ぶり」とかで大騒ぎになったという。マグニチュード五・八などの規模の地震は、日本列島ではそれこそ日常茶飯事である。

アメリカ人を嗤《わら》っているのではない。嗤われるべきは、そんな地震のない国で開発された技術を、この日本に直輸入した日本人のほうである。この点を我々はよく考えなければならない。

駿河国益頭郡飽波郷も津波関連地名か

話を津波関連の地名に戻そう。

先に出羽国飽海郡飽海郷は海から津波が湧《わ》いてくることを表わした地名か、と述べた。アク（灰汁）とは物を煮詰めたときに上澄みの表面に湧くものであり、動詞アク（飽）とは「（水が満水になるように）満ち足りること」である。となると駿河国益頭《ましず》郡飽波《あくなみ》郷も類義で、「津波によって水が満ち溢れる状態」を表現した地名ではないか。

この益頭郡飽波郷について、吉田東伍『大日本地名辞書』は焼津《やいづ》市北部の大崩《おおくずれ》海岸に近い大《おお》草《くさ》山（標高五〇一m）の山麓付近とするが、『角川日本地名大辞典 静岡県』が引用する『藤枝市史』は同市中心部に隣接する益津《ましづ》地区に比定する。この益津地区は瀬戸《せと》川に沿う低地で、標高は二〇メートルに満たない。

標高二〇メートル地点まで津波が襲うのかと問われれば、今回の大震災でも三陸沿岸各地で標高三〇メートル超の山肌まで津波が駆け上っている例が何カ所もある、と指摘しておく。前述した明応七年（一四九八）の南海地震では、現・藤枝市を中心とする駿河国志太《しだ》郡で津波による流死者が二万六〇〇〇あったとされる（『理科年表』平成二十二年版）。

大井川ほかの数本の中小河川がつくる複合扇状地の平地で高さ二〇メートル地点まで津波が押し寄せるかと問われれば、駿河湾トラフ・南海トラフで起きる地震の規模は東北・宮城県沖より大きくなる可能性が高いし、駿河湾に直角に開口する瀬戸川の流路沿いに一気に遡上することはありうる、と答えておこう。

もう一つ、この藤枝市益津地区の付近には、条里制遺構《じょうりせい》がはっきりと認められるという。『角川日本地名大辞典』はこれを「早くから開発が進んでいた証拠」と述べるが、宮城県名取市の項で紹介したように、条里制の施行は開発の早い証拠と見るよりも、むしろ被災地などに中央の先進技術集団が派遣され、復旧・復興事業というよりも最新の開田技術によって新規開発事業として施行された気配も強い。

益頭郡益頭郷も同じく津波関連か

静岡県焼津市の名は、日本有数の遠洋漁業の基地であり、冷凍マグロの水揚げ港として知られる。この地名は古く『記紀』のヤマトタケル東征伝説に登場し、ヤマトタケルが『古事記』では相模国、『日本書紀』では駿河国で従わぬ国造から火攻《ひぜ》めに遭い、迎え火を焚《た》いて逆襲して逆賊を滅ぼした。その地を名づけて「焼遣《やきづ》」(『古事記』)、「焼津《やきつ》」(『日本書紀』)という、と記されている。

第十二代・景行《けいこう》天皇とその御子ヤマトタケルの時代は伝説上の天皇の時代で、大和王権が全国支配を確立する過程を英雄伝説で彩《いろど》った物語で綴られている。ヤマトタケルは東奔西走した

古代の益頭郷は藤枝市中心部か

5万分1「静岡」

複数の英雄たちを一人にまとめた人物像であろうが、その活躍する舞台としてはいずれも『記紀』が編纂された奈良時代によく知られていた地名が使われている。

火攻めに遭って迎え火を焚いて対抗した舞台の「焼遺（焼津）」も、駿河国益頭郡益頭郷の名によったもの。『和名抄』（大東急本）ではこの「益頭」は「万之都《ましづ》」と訓註するからマシヅと読む地名で、迎え火を焚くヤキヅ（イ音便でヤイヅ）とは通じない。

実は、この通音（横訛り《よこなま》）には、漢字の音と訓が織りなす絶妙なコラボレーション（絡み合い）が働いている。漢字の「益」の字には、漢音エキのほかに呉音ヤク（「御利益《ごりやく》」のヤク）がある。和語の地名用語ヤキ（ヤク）に「益」の字の呉音ヤクを借音したわけである。

古代の益頭郡益頭郷は現在の焼津市ではなく、その西北西約五・五キロの現・藤枝市中心部に当たる。前項の飽波郷の北に隣接する地である。飽波郷が津波に関連するとすれば、この益頭郷も同様に津波関連と考えていいだろう。

ただし、益頭郡・郷のマシ・マス系の地名用語は、動詞マス（増・益）、普通名詞マス（升・枡・舛）と同じく「（分量が）徐々に増加する」「（高度が）徐々に高くなる」意である。典型は伊豆大島の三原《みはら》山の外輪山西麓にある野増《のまし》集落で、外輪山の高度が徐々に増す地点に位置している。

苗字に見られる「舛添《ますぞえ》」なども、「高度が徐々に増す山際の地」のことである。したがって、

「(津波が徐々に)増す地」でなければ、「(高さが徐々に)高くなる地」という意味で、扇状地の地形を表現した地名になる。

3 土佐の高知は大丈夫か?

深く湾入する浦戸湾の成因

室戸《むろと》岬から足摺《あしずり》岬まで直線距離で約一三〇キロ、土佐湾は大きく弓なりに湾曲して沿岸総延長は約二四〇キロに達し、太平洋に向かって大きく開口する。その湾奥部から北に約六キロ、ヒョウタン形をした浦戸《うらど》湾が湾入する。

この浦戸湾沿岸は古代から土佐国の中枢で、承平四年(九三四)旧暦十二月二十七日、土佐国司の紀貫之《きのつらゆき》は『土佐日記』に、「おほつ(現・高知市大津《おおつ》)よりうらどをさしてこぎいづ」と記している。律令制の土佐国府は現・南国《なんこく》市比江《ひえ》に置かれていたが、国分《こくぶ》川を六キロ下った河口港の大津が海上交通の拠点となっていた。

土佐湾の東口をなす室戸岬の先端部では、海岸段丘が何段にも見られるが、その最高位の段丘は海抜約一九〇メートルだという(松田《まつだ》時雄《ときお》『活断層』岩波新書、一九九五年)。この最高位の地点は約一二万年前には海底だった所で、一二万年の間に少なくとも一九〇メートル隆起していることになる。

一方、土佐湾の西口の足摺岬付近も何段もの段丘が認められるが、岬の先端に近い金剛福寺《こんごうふくじ》の背後の平坦面は標高一五七メートルで、この数字で比較すれば東の室戸岬のほうが隆起量が大きい。もっとも金剛福寺の北西約二キロにある白皇山《しらお》（標高四五八m）は、隆起した台地が水の浸食によって痩せ尾根の形で残ったと仮定すれば、一概に東側だけ隆起量が大きかったとは断定できない。

いずれにせよ土佐湾は東の室戸岬と西側の足摺岬が隆起し、中央の浦戸湾が凹んだ構造になっていると見てよい。後述するが、浦戸湾東岸の高知市「吸江《きゅうこう》」の地名の起源と合わせて判断すると、大地震と津波を考える上で、きわめて注目すべきものがある。

頻発する南海トラフの巨大地震

実際に高知県は、歴史時代に入ってからもたびたび巨大地震に襲われている。『日本書紀』天武天皇十三年（六八四）旧暦十月十四日には、「土佐国の田苑《たはたけ》五十余万頃《しろ》（約一二〇〇ヘクタール）、没《うも》れて海と為《な》る」と記されている。

この日の記事は「大きに地震《ないふ》る。国挙《こぞ》りて男女叫び……諸国の郡の官舎、百姓《おおみたから》の倉《くら》屋《や》……破《ぶ》壊れし類、……数ふべからず」とあるから、おそらく南海トラフが動いた南海地震だけでなく、

伊能忠敬が描いた浦戸湾

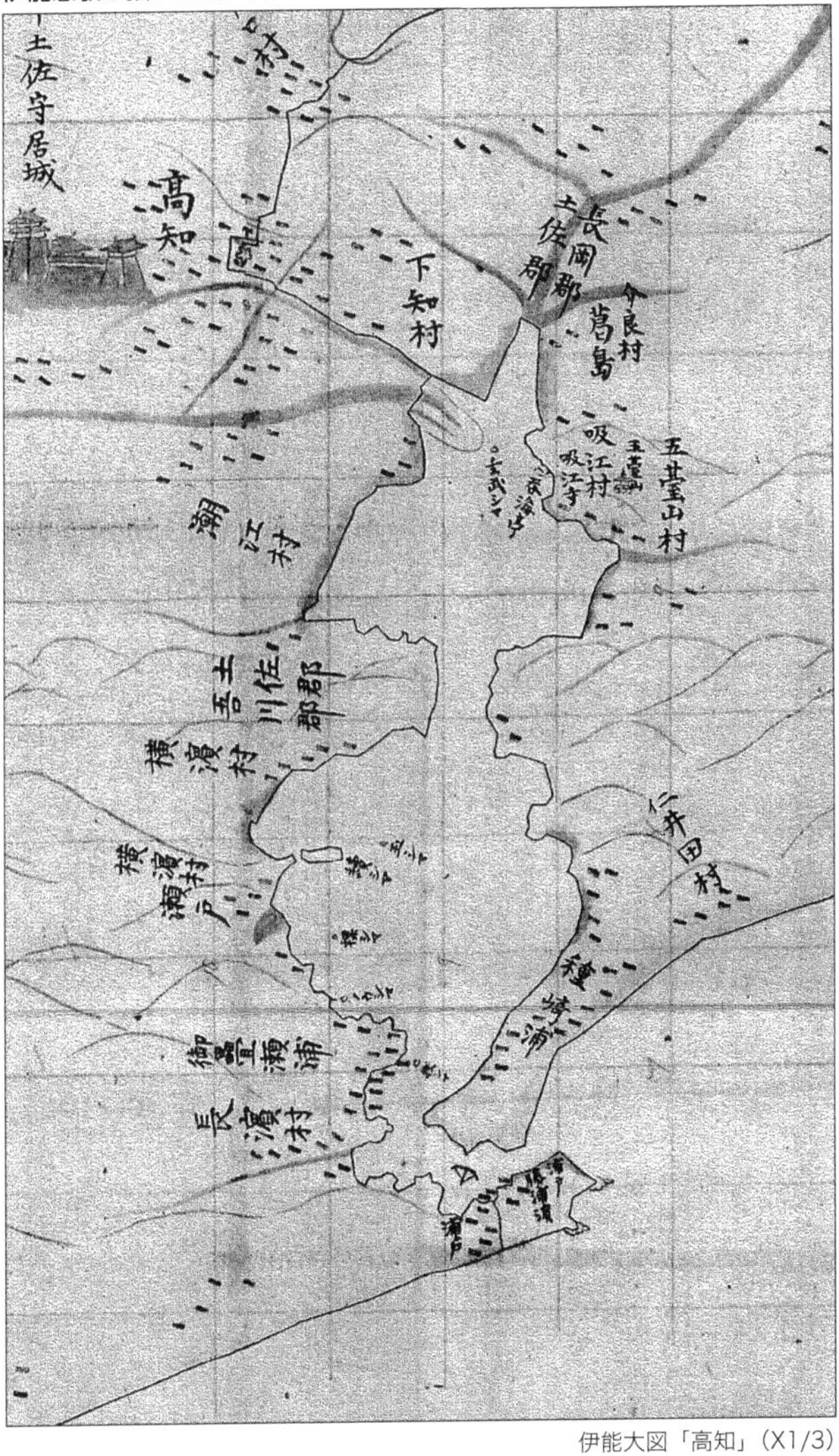

伊能大図「高知」（X1/3）

東南海、東海地震も連動した巨大地震だったのであろう。

海溝型の大地震だけでなく、直下型の地震の心配もある。浦戸湾の中央部を東西に横切るように東岸の大畑《おおばたけ》山丘陵（標高一四三m）と西岸の烏帽子《えぼし》山（標高三五九m）を最高峰とする鷲《わし》尾《お》山地を結んで、活断層の存在が想定されている（『新編 日本の活断層』東大出版会、一九九一年）。

この断層線の南側に接する旧・春野《はるの》町（平成二十年一月、高知市と合併）付近を震源に、江戸時代後期の文化九年（一八一二）旧暦三月十日、実際にマグニチュード六・〇クラスの直下型地震が発生している。

浦戸湾の湾入は、こうした南海トラフで地質時代に繰り返し活動した大地震・津波によって形成されたか、あるいは過去に大規模な直下型地震があったためかもしれない。

浦戸湾岸にある「潮江」は危ない地名

高知市の市街地の南方を西から東に流れる鏡《かがみ》川は、浦戸湾の北部に注ぐ付近で典型的な河口三角州をつくるが、その右岸（南岸）の地名は潮江《しおえ》という。

潮江は寛治《かんじ》年間（一〇八七〜九四）に京都・賀茂《かも》神社の荘園になったが、承徳《じょうとく》三年（一〇九九）旧暦一月二十四日に起きた大地震で海底に沈んでしまったという。この地震は南海トラフが震源で、『理科年表』によれば推定マグニチュード八・〇～八・三とされている。地震そのもので土地が沈降したのか、あるいは大津波が浦戸湾内一帯に浸入したのか、いずれにせよ危険きわまる土地柄である。

潮江はその後、鎌倉期には現・室戸市の最御崎寺領《ほつみさきじ》の潮江荘が成立しているが、いつまた海没するかわからない。

地元自治体はどのような対策を取っているのか知らないが、少なくとも人命だけは損なわれないよう、最小限の配慮がなされなければならない。

音読み地名「吸江」の不思議

高知市の浦戸湾岸にはもう一つ、怪しい地名がある。

浦戸湾奥の鏡川と国分川が注ぐ合流点には弘化台《こうかだい》の埋立地が南に向かって造られているが、そのさらに東側、五台山《ごだいさん》（標高一三八m）の丘陵と国分川河口に挟まれて吸江地区があり、「キュウコウ」と音読みする。

日本の地名で音読みするものは、初め和語の地名があり、それを借音により漢字二字で表記して音読みしたり、寺名などに音転させた例が圧倒的に多い。

この吸江の地にも臨済宗・五台山吸江寺があり、南北朝期の名僧・夢窓疎石《むそうそせき》が開いた吸江庵の後身だという。

しかしそれならば、吸江庵の「吸江」とは何に由来するのか。夢窓疎石が来住する以前に、この地に「スイエ（ヱ）」などの既存の地名があったという記録はない。仏教語に「吸江」などという語もない。

考えられる由来は、巨大地震によって海際の大地（または目に見える浅い海底）が裂けて割れ目ができ、続いて津波の前兆《ぜんちょう》の引き潮が発生、海潮が割れ目に吸い込まれるように見えた、ということぐらいである。

夢窓疎石自身が目にした事態でなくとも、地元民に「昔々、このような事件があった」という伝承が残っており、それを耳にした夢窓疎石が〝奇瑞《きずい》〟として寺名にし、それが音読みのまま地名化した、という経緯はありえない話ではない。

寺名に由来するとしても、浦戸湾が形成された何万年前、何十万年前の地質時代に起きた何度もの大地震の光景を見て来たような、不思議な地名である。

寺院自体が県指定の史跡であり、国指定の重要文化財・木造地蔵菩薩坐像を収蔵する吸江寺が、「吸江」の地名もろとも海中に没することがないよう、しっかり対策が講じられるべきは当然である。

4　隠れた断層を教える古代の郡・郷名

マグニチュード七クラスの突然の地震が起きた

平成十二年（二〇〇〇）十月六日、鳥取県西部をマグニチュード七・三の大地震が突如、襲った。気象庁が計測震度システムを導入して初めて最大震度六強（計測地点は境港《さかいみなと》市と日野《ひの》郡日野町）を記録した地震で、倒壊家屋は全壊四三五軒、半壊三一〇一軒あったが、幸い犠牲者は出なかった。

この地震が注目されたのは、マグニチュード七を超す大地震であったのに、活断層の存在が事前にまったく知られていなかったことであった。

鳥取県では、戦争中の昭和十八年（一九四三）九月十日、現・鳥取市気《け》高《たか》町（旧・気高郡気高町）を震源とするマグニチュード七・二の「鳥取地震」をはじめ、マグニチュード六クラスの地震が頻発している。

県中部の現・東伯《とうはく》郡琴浦《ことうら》町でも、宝永七年（一七一〇）の旧暦閏《うるう》八月十一日、推定震度六・五の地震が発生、伯耆《ほうき》・因幡《いなば》・美作《みまさか》三国で多くの犠牲者を出した。だが、同県西部ではこれまで、大きな地震は記録されていなかった。地震後の調査で、西伯郡南部町付近で北西―南東方向に走る活断層が左横ずれし、この地震が発生したものと確認されたわけである。

鳥取県西部は洪積世（第四紀更新世《こうしんせい》）に噴火した大山《だいせん》火山の噴出物によって地表が厚く覆われ、弥生時代以降には日野川上流で盛んに鉄穴《かんな》流しによる砂鉄採取が行われて、下流に土砂が大量に堆積した。

県西部の弓ケ浜《ゆみがはま》半島先端の現・境港市付近は、奈良時代の『出雲国風土記』では「伯耆国の夜見《よみ》の嶋」と記され、海中の島状の砂州であった。一二〇〇年余りの間に、幅二・五〜四キロ、長さ一七キロの長大な砂州が形成されたわけで、それ以前に存在した地質時代の活断層はその痕跡を火山噴出物や土砂で覆われ、隠されてしまった。

古代の伯耆国は六郡からなるが、西端の日野郡は日野川上流域、その北の会見《あいみ》郡は日野川下流域と支流の法勝寺《ほつしようじ》川・小松谷《こまつだに》川の流域からなる。まず、日野郡の名は日野川の名によるが、『出雲国風土記』は現・島根県にある斐伊《ひい》川と同じく「皹《ひび》・樋《ひ》」に由来すると解く。

この「樋」とは樋口という形で地名にも多用されるが、「川・水路」すなわち皮膚疾患のヒビ割れの「皹」や器物の割れ目をいう「罅《ひび》」と同じく「地面に刻まれたひび状の凹部の連続」のことである。

日野川下流域の会見郡は、『和名抄』の訓註には「安不美《あふみ》」とあるからアフミで、現代音に直せばオウミとなる。「会見」の漢字表記から、おそらく中世ごろ「アフミ」↓「アヒ（イ）

ミ」と音転したものであろう。

「会見」は地表の割れ目か

ただし、「会見」が元々アフミだったかというと、疑問もある。「会（會）」という漢字は漢音はカイ（クヮイ）だが、呉音はエ（ヱ）である。地名では会賀《えが》牧（大阪府羽《は》曳野《びきの》市）、会下《えげ》山《やま》（神戸市兵庫区）、会下《えげ》領（埼玉県）などいくつか例がある。

あるいは伯耆国会見郡・郷の本来の発音は、「エミ」だったのではないか。すぐ隣の日野郡域には江尾《えお》（現・日野郡江府《えふ》町）もある。地名用語のエミ・エビは、動詞ヱム（笑・割）の連用形で、「ヒビわれたような地形」をいう。

ヱム（笑）という動詞は、四字熟語で「破顔一笑」というように、「（固く緊張した表情が）割れて解けて綻《ほころ》ぶ」という意味である。「海老《えび》」と書かれた地名も、甲殻類のエビの生息によるものではなく、「割れて綻んだ地形」に当てた借訓地名である。甲殻類のエビの名自体、その殻が何本もの割れ目を刻むことによる。

なお「会」とか「英」の字を使ってアヒ（アイ）と読ませる地名は谷間のほか国境にも多い（美作国英田《あいだ》郡ほか）。伯耆国会見郡・郷の場合も出雲国との国境に位置するため、本来は「エミ」と読むべきなのに、中央の官僚は国境にあることを意識しすぎて「アフミ」と訓注したのではないか。

このように仮定すると、「会見」と表記された郡・郷名は、まさに地表の割れ目、断層を表現した地名になる。地名を徹底的に検討・検証することによって、もしかしたら隠れた活断層が新たに発見できるかもしれない。

Ⅴ章

〈三大都市圏〉怪しい地名を検証する

1 〈東京首都圏〉都心直下・湾岸沖に活断層が眠る

東京直下型地震は必ず来る!

大正十二年(一九二三)九月一日、神奈川県三浦半島先端の三崎港西南西沖約一二キロの相模灘を震源とするマグニチュード七・九の関東大震災が起き、東京ほか関東各地で死者・行方不明者計一〇万五〇〇〇余人、家屋全壊一〇万九〇〇〇余軒、同半壊一〇万二〇〇〇余軒、焼失家屋二一万二〇〇〇余棟の大被害が出たことは、今ではどなたもご存じだろう。

被害の大半は東京の、とくに下町を中心に一三六カ所で発生した火災が延々と燃え広がり、陸軍本所被服廠跡で起きた大火災旋風で三万八〇〇〇名もの犠牲者を出すなど、東京の被害はすさまじい大きさになった。

そのことは広く報道されているが、実は相模湾で本震が起きたすぐ後、神奈川県横須賀市久《く》里《り》浜《はま》沖でマグニチュード六・六、次いで東京湾央を震源として同七・〇の余震が起きていたことはほとんど知られていない。

今回の東日本大震災でも、本震が長さ五〇〇キロにわたって複数の断層が動いて、マグニチュード九・〇という巨大地震になったことは詳しく報じられた。だがその本震後、東日本全域

活断層(？)東京湾に南北に連なる震源

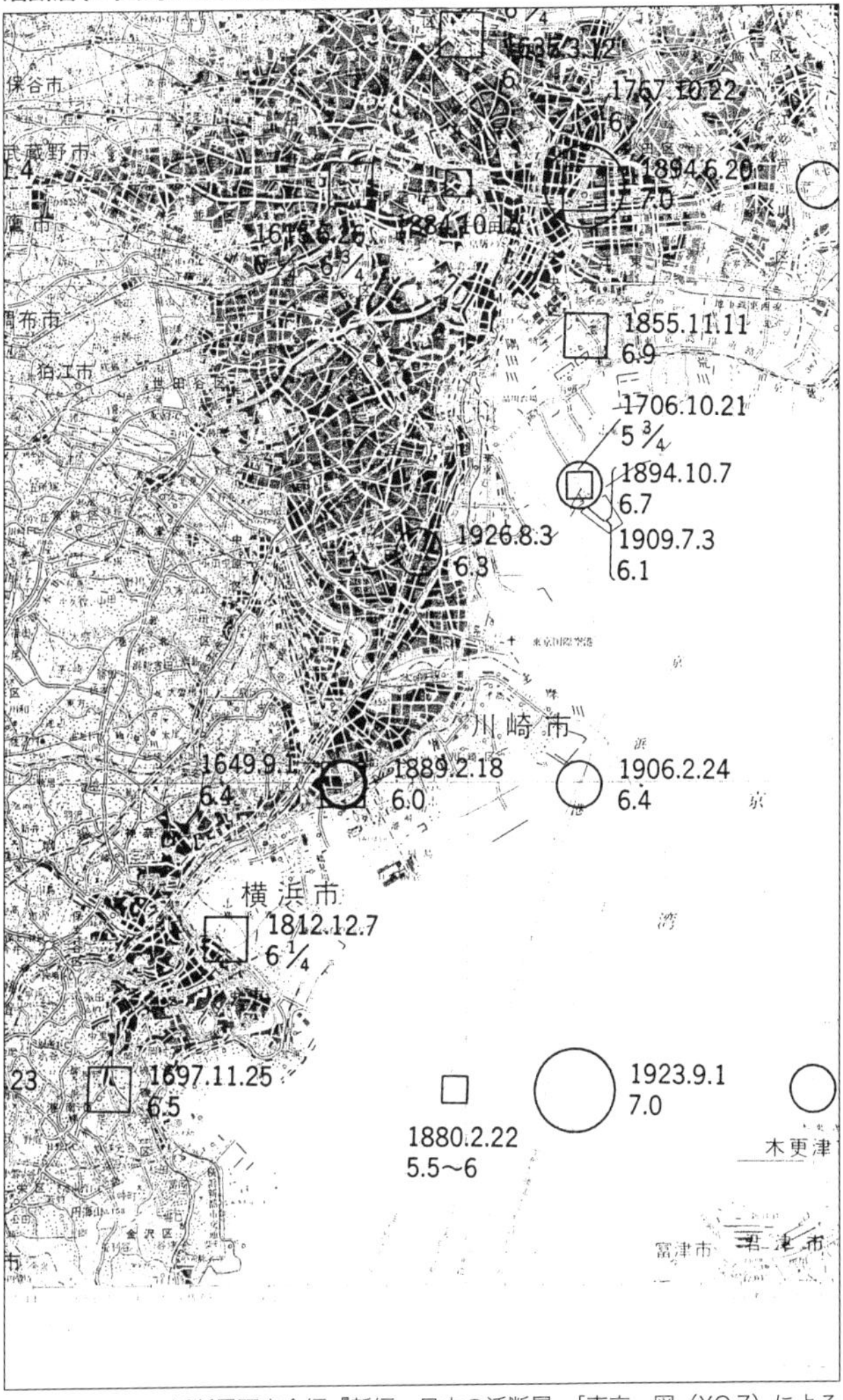

活断層研究会編『新編　日本の活断層』「東京」図（X0.7）による

にわたって、いや一部は西日本でもマグニチュード七・〇超級の余震や誘発地震が何回も起きている。

それらの大小の余震によって、とくに本震ですでに大きなダメージを受けていた福島第一原発が、追い打ちをかけられる形で損壊をより大きくしたのではないか、とは一部の学者・研究者によって指摘されていた。いずれ、そうした余震も含めた東日本大震災の全体像が明らかにされるのであろうが、余震の大きさや分布状況は、過去の歴史的な震源の分布・被害状況とともに詳しく分析されなければならない。

ところで、前ページの東京付近の震源分布をみると、学界ではまだ認定されていないが、明らかに指摘できることが一つある。

仮称「秋葉原―江戸前」断層がある！

先に挙げた関東大震災の余震の一つ、東京湾央で起きたマグニチュード七・〇の余震は、千葉県木更津港と横浜市中区の本牧岬《ほんもく》を結んだ線の中ほどが震源であった。

注目すべきは、この震源を基点に北へ約一二キロ、川崎市浮島《うきしま》のすぐ沖で明治三十九年（一九〇六）二月二十四日にマグニチュード六・四、そしてさらに約一〇キロ北の現在埋立て進行中の中央防波堤外側廃棄物処理場付近では宝永三年（一七〇六）旧暦九月十五日に推定マグニチュード五・七五、明治二十七年（一八九四）十月七日に同六・七、明治四十二年（一九〇九）七月三日に同六・一と、ほぼ同じ震源域で地震が発生している。

その北約五キロの江東区《こうとう》越中島《えっちゅうじま》付近では安政《あんせい》二年（一八五五）旧暦十月二日、江戸市中の死者四〇〇〇名余、倒壊・焼失家屋一万四〇〇〇余軒の被害を出したマグニチュード六・九の安政江戸大地震が起きている。

さらにその北約五キロの千代田区の秋葉原《あきはばら》～墨田区両国《りょうごく》付近には、明和四年（一七六七）旧暦九月三十日に推定マグニチュード六、明治二十七年六月二十日、神田《かんだ》・本所・深川を中心に死者二四名を出したマグニチュード七の明治東京地震、とほぼ一直線に震源が並んでいる。

このラインは、活断層ではないのか。この直線状の震源域は、シロウト目には活断層、しかも何千年、何万年前ではなく、ここ数百年の間に、被害の有無はともかく六回も七回も現実に地震を起こしている。海底のトレンチ（掘削）調査は簡単にはできないから、活断層とは言い切れない、ということなのだろうか。

地震学者はこれまで誰も、この線が断層線であるとは断定していない。学者・研究者の世界では、文系・理系のどの分野でも、個々人間・学閥間・学界間、また管轄する役所の間で、微妙な見解の相違、認識のずれ、相互に相手の業績をそのまま認めたくない、という相互不信、あるいは一種の縄張り意識が少なからず存在するらしい。

この「秋葉原―江戸前」断層線は、全く門外漢に過ぎない私の勝手な命名である。このラインは、地質学上は「古《こ》東京川」と呼ばれる線に一致する。古東京川とは一万数千年以上前の氷河期、海岸線が後退して今の東京湾の海底一帯が一面の平野だったころ、その平野の中を今の浦賀《うらが》水道に向かって流れ落ちていた想定上の河川の名称である。

この古東京川は、実は地盤が脆い断層に沿って、その脆い土壌を浸食しながら流路を刻んだのではないか。そう考えれば、隅田川沿岸から東京湾央を結んで北から南に震源が並んでいることの説明がつく。

地名「秋葉原」と「江戸前」の素性

今や「秋葉原」は「アキバ」、AKIBAと通称され、東京、いや日本中でも最も有名な地名となった。厳密には公的名称としては秋葉原駅の北東側の一画だけが「台東区秋葉原」で、通称「アキバ」の大部分は千代田区外神田《そとかんだ》四丁目ほか「神田」を冠称する数町（住居表示未実施）に当たる。

この駅の周辺は、二十数年前までは電器街と夜間は人の気配がない青物市場（平成元年に閉鎖）のほか、都心部では場末の感が強い地区だった。ところが今や世界のAKIBAとなって若者をひきつけてやまない異色の街になった。

この「秋葉原」という地名は明治二年（一八六九）旧暦十二月十二日、神田相生《あいおい》町から出火した火災が周辺各町に延焼、一一〇〇戸が焼失する大火となったことから始まる。

鎮火後、神田佐久間《さくま》町の一部が火除け地とされ、ここに鎮火《ちんか》神社（実は遠江国の修験道の秋葉山《あきばさん》神社）が勧請された。「鎮火神社」という聞きなれない名称は、当時、排仏毀釈《はいぶつきしやく》の風が盛んで、「秋葉」の名を避けたからである。だが、住民たちは「鎮火」などの用語は使わず、「秋葉《あきば》ッ原」「秋葉の原」などと呼んだ。

もっとも明治二十三年十一月一日に上野駅から延伸された貨物線の駅「秋葉原」が「アキハバラ」と呼ばれた理由の詳細は不明である。

だから、通称地名としては新しく、仮称の断層名に使うのは適切かどうか、判断がむずかしいところである。なのに仮称の断層名に使ったのは、「秋葉原」にはいくつかの災害の歴史があり、あえて言えばそのことを知らずして若者たちが無邪気に集まることにある種の危惧《きぐ》を感じるからである。この地名が命名される前からの災害史を、ぜひ知っておいていただきたいのである。

もう一つの「江戸前」はもはや誰でも知っているが、「江戸城下町の前の海」の意味。本州北岸沖を航行する船を「北前船」と呼ぶように、「〜の前の海」のこと。現在の法制用語でいう「地先《じさき》」に相当する用語で、「〜地先」のほうは海面だけでなく、湖面や川の沿岸にも使われるが、「〜前」にそのような用例があったかどうか、まだ調べていない。

東京を通る鉄道路線の危うさ

ここで、東京都心部の鉄道の安全性について触れておきたい。

二、三十年前、神田神保町《じんぼうちょう》ほかに個人事務所を構えていたころ、上野駅から秋葉原駅経由で御茶ノ水駅に向かった。秋葉原—御茶ノ水間の高架線はいわば三階部分に当たり、秋葉原駅方面から見ると御茶ノ水駅手前の聖橋《ひじり》のはるか下には神田川の水面すれすれを地下鉄丸ノ内線の鉄橋が抜け、まるで真鍋博《まなべひろし》画伯が描いた「未来図」さながらの光景であった。

秋葉原—御茶ノ水間、ほんの一分余りの乗車時間だが、私はいつも「今、地震が来ないでくれ」と心密かに願っていた。この高架部分は昭和七年（一九三二）七月一日の開業で、すでに築後七九年が過ぎ、鉄筋コンクリートの耐用年数にそろそろ達している。

現在、山手線と京浜東北線が通る神田駅付近の市街縦貫線は大正十四年（一九二五）九月二十六日に開業したが、拙著『この駅名に問題あり』（草思社、二〇〇五年）の執筆時に調べたところ、大正四年（一九一五）の中央東線東京—万世橋間敷設に際しては神田駅付近が超軟弱地盤のため六〇尺（一八・二メートル）の深さまで達するスラブ橋構造を採用した、という。

さらに防災という観点から指摘すれば、今、東京環状線の西半分を形づくる品川—池袋間の山手線の路線は明治十八年（一八八五）三月一日に開業した日本鉄道品川線が元になっているが、本来は東京の西郊を通る貨物・旅客兼用の単線鉄道だった。その単線の線路の両側に新線を何度も貼り付けて、線増を繰り返して今のような姿になった。

国鉄が民営化された後も、輸送量増強のために線増工事が盛んに行われたが、各所で旧線部分の路床が崩れる事故が多発している。品川―池袋間は当初、単線で開業してから一二五年たつが、相次ぐ線増工事に無理はなかったのか。

上野―浜松町間の市街縦貫高架部分とともに、一度厳密な強度チェックが行われなくてはならない。もし必要なら補強工事を施さないと、いずれやって来る東京直下型地震にはとうてい耐えられないだろう。

根岸―赤羽ラインも疑わしい

仮称「秋葉原―江戸前」断層を北西へ約八キロ延長した北区王子《おうじ》付近では、寛永《かんえい》七年（一六三〇）旧暦六月二十四日に推定マグニチュード六・二五、寛永十二年（一六三五）旧暦一月二十三日に推定マグニチュード六・〇の地震が起きている。

この寛永の二度の地震のラインは、上野の北の台東区根岸《ねぎし》から北区赤羽《あかばね》に延びる東北本線の線路に沿っている。というより逆に、明治十六年（一八八三）七月二十八日に開業した日本鉄道（のちの国鉄東北本線）上野―赤羽間の線路自体が、本郷《ほんごう》台地・豊島《としま》台地の縁辺に沿ったルートを選んで通したわけである。

台地の縁を削り、下の低地との中間に中二階風の細長いテラスを作り、そこに線路を通せば他所から路盤用の土砂を運んでくる必要もないので、よろず工費も安上がりになる。

ところが、明治十年代には断層を調査する必要性も認識されていなかったし、その技術もなかった。結局、赤羽―根岸―上野間の緩やかに湾曲する台地縁は活断層線だったのか、調査されることなく今日に至っている。

根岸―赤羽のラインを北西に延ばせば、すでに確認されている埼玉県内の荒川《あらかわ》断層の線に繋がる。赤羽―根岸―上野のラインを南に延長すれば、港区の愛宕《あたご》山東麓を経て、同区の高輪《たかなわ》台地―品川区の荏原《えばら》台地東縁、さらに大田区の大森《おおもり》台地東縁、神奈川県川崎市の下末吉《しもすえよし》台地東縁に延びる。このラインも、実は断層線ではないのか。

大田区から川崎市、横浜市を結んだ線上では明治以後、マグニチュード六クラスの地震が何度か起きている。

地震学者・研究者の間では、赤羽―根岸―上野の線、港区愛宕山―高輪台地―大森台地のラインを断層と認めるかどうかについては、慎重論が根強いのだという。しかし、犯罪の容疑者の「疑わしきは罰せず」とは逆に、断層の場合は「疑わしきは危ぶめ」の原則こそ確立されなくてはならない。刑事事件の場合は人権に関わるが、断層の場合は後から「やっぱり、そうだったか」では、もう手遅れなのである。

東京スカイツリーの「押上」は大丈夫か

平成二十四年春にオープンする東京スカイツリーは、秋葉原と並ぶ東京の新名所となることは確実である。その地元である「押上《おしあげ》」も、秋葉原とともに若干の危惧を抱かざるをえない地名である。

集落名のクラスでは、全国に「押上」という地名が三カ所ある。一つは埼玉県行田市《ぎょうだ》にある地名「押上」で、この地の城を「忍城《おし》」と呼ぶ別名は「押上村」の下略形「押」を「忍」に借訓した名称である。

この行田市あたりは古く、利根川の旧流路である古利根川《ふるとね》と、江戸初期に瀬替え（流路変更）工事が行われる前の荒川（元荒川《もと》）が時に合流する地点だった。現在の群馬県や埼玉県秩父《ちち》《ぶ》地方に大雨が降ると、利根川と荒川がこの付近でぶつかり、土砂が押し上げられる。それが「押上村」の地名になり、借訓で「忍」の名が使われたもの。

もう一つは、新潟県糸魚川市の押上で、ここは日本海に面した海辺の集落である。当然、冬季には日本海の荒波が打ちつけて砂丘地帯をつくっている。ただ、冬季の荒波が砂を押し上げることによるだけの地名かどうか。

糸魚川市は、本州を東西に二分するフォッサ・マグナ（大地溝帯）の西縁が海に落ちる地である。ちなみに、イトが「空間、隙間」の意味を残す例としては、時間・空間の「隙間」をいうイトマ（暇）という語に残っている。

フォッサ・マグナ沿いの糸魚川のイトもイトマ（暇）のある地形、すなわちウト（空洞）に由来する。

『魏志』東夷伝倭人条に登場する伊都《いと》国はのちの筑前《ちくぜん》国怡土《いと》郡の名に残るが、この郡名は北側の旧・志摩《しま》郡との間に空洞状の海峡（明治期以降、「糸島《いとしま》水道」と命名された）が通じていたことによる。

同じ筑前国宗像《むなかた》郡の怡土郷は、現・福岡県福津《ふくつ》市の津屋崎《つやざき》港から北に入り込んでいた潟湖の津屋潟の沿岸であったが、潟は陸地に入り込んだ空洞型の地形である。

つまり糸魚川とは「糸魚《いとい》」だけで「空洞（フォッサ・マグナ）を流れる川」のこと（和語のヰは掘井戸だけでなく「水場」のこと）である。

そのフォッサ・マグナは、日本海を縦断する海溝の富山湾海底長谷《かいていちょうこく》に繋がり、日本海盆《にほんかいぼん》に至る。富山湾海底長谷自体は断層帯ではないらしいが、その東縁には北米プレートとユーラシア・プレートを分ける断層帯がいく筋にも分かれて走る。

昭和三十九年（一九六四）五月七日の秋田県沖地震（マグニチュード六・九）や同年六月十六日の新潟地震（マグニチュード七・五）、昭和五十八年（一九八三）五月二十六日の日本海中部地震（マグニチュード七・七）は、いずれもこのプレート境界の断層帯で起きた地震である。

以上のことから、新潟県糸魚川市押上は、単なる冬季の季節風によるものだけでなく、過去に何度もあった大津波で砂が押し上げられた痕跡を示す地名と考えるべきだと思う。単なる季節風の作用によるなら、日本海側の海岸に同じ地名があるはずだが、他のどこにもない。

となれば、東京・墨田区の押上も津波による地名と考えられないか。

先にも指摘しておいたが、東京湾にも何度も津波が押し寄せてきた痕跡がある。江東区の北部を東西に横切る小名木川は徳川家康が関東入府のとき、潮入りの沼沢地に下総国の行徳《ぎょうとく》塩を運搬する便のために掘削した運河とされている。

実は単にそれだけの理由ではなく、そのあたりまで過去何度も津波が押し寄せていたことを踏《ふ》まえて、I章で述べたように、津波を東の葛西領の農村地帯（低湿地）に逸《そ》らす目的で掘られたものかもしれない。あるいは「以後、もうヲナ（雄波）はここまで」との願いを込めて命名された運河名であった、とも考えられる。

押上の東京スカイツリーにケチをつける気は、さらさらない。ただ、地上六三四メートルのタワーは最新の技術が総動員されたものだろうからあまり心配しないが、地下街などに多数の観光客を集めるような目論見《もくろみ》についてはー考あってしかるべきだろう。

地下鉄で〝想定外〟の被害が出る可能性

押上の東京スカイツリーは地下街が危ない、と述べた。本当は下町の各所に広がる地下街だけでなく、低地の地下深くを走る地下鉄全体に心配がある。

日本の地下鉄は、昭和二年（一九二七）十二月三十日、東京地下鉄道会社の上野―浅草間が開業したのに始まる。以後、東京だけでなく各地の大都市に広まり、まるで地下鉄道がなければ大都市ではないかのような風潮になって、現在では九都市約四〇路線が営業している。

だが今回の大震災を目の当たりにして、仙台の地下鉄が浸水しなくてよかった、と胸を撫で下ろしたのは私だけであるまい。津波にせよ洪水にせよ、地下街や地下鉄が大量の水に襲われたら、とんでもない被害が起きる。すでにマスコミでは何度もその危険性が指摘されているが、防水板が用意されている程度で、抜本的な対策が講じられたという話は聞かない。

防水板だけでは、なぜ不十分なのか。地震と津波が相次いで発生した場合、防水壁・防水板などの設備は、地震の破壊力によって壊され、機能が十分発揮できないことが想定される。とくに地下鉄の場合、最新の強度と設備を備えた路線は一番深い地下を走っており、地表に近い路線ほど建設時期が古く、構造物の強度が劣化していることがありうる。

その劣化した上部の路線が地震と津波に襲われた場合、地表を覆った津波は一挙に深い路線にまで流れ込む。列車の乗客も、ホームにいた客も、どこへも逃れる術《すべ》はない。

阪神・淡路大震災の犠牲者数が六四〇〇余名ですんだのは、早朝で鉄道がまだラッシュアワーを迎えていなかったことが幸いしたといわれている。もう一時間あと、満員電車が橋桁《はしげた》の落ちた線路を走っていたと想像すると、その被害者数は数倍には止まらなかっただろう。

神戸市の中心部で相互乗り入れしていた私鉄各線の地下路線部分の被害がどの程度だったのか詳細は知らないが、もし津波が発生し地下路線に浸水していたらと想像すると、まさに身の毛がよだつ思いである。

東京湾北部を震源とした直下型地震が発生した場合、犠牲者は総数で六千余名と予測されている。発生する季節と時間にもよるだろうが、私はその数字には鉄道、とくに地下鉄利用者の犠牲がカウントされていないのではないか、という疑念を抱かざるをえない。

欧米直輸入のシステムは再検討すべし

今回の大震災でダウンした福島第一原発について、欧米で開発されて成功したシステム・技術・発想を、この災害列島に直輸入する危険性を指摘しておいた。地下鉄も同じである。狭い都市空間を有効に利用するという発想は、この日本列島では原発同様に危険な模倣になる。

そもそも、「狭い日本」とか「資源小国」いう認識自体が、かなりおかしい。大都市圏の過密とは裏腹に、日本列島のあちこちには人影を見ない過疎地が広がっている。この列島は亜熱帯から亜寒帯まで、平野もあれば風光明媚な島々もある。山々に囲まれた山襞《やまひだ》の間には、特徴ある小盆地が点在している。

近代の日本は、「都市化」を唯一のスローガンに掲げて、突き進んできた。たしかに都市化・近代化は一応、成功したかに見える。だがしかし、食料自給率四〇パーセント以下という現状は、どこかおかしくないか。

私は近代化を嫌悪しないが、ひたすらな都市化は危ないと思う。交通・通信の便さえ改善されれば、農山漁村の風土の中で十分に快適な生活ができる。必要最低限の収入さえ確保できれば、あとは自給的農耕・漁労・採集によって、近代化された自然生活を満喫できるはずだ。

明治の日本、戦前までの日本、いや高度経済成長期にも、ヨコのものをタテにする発想は有効だったかもしれない。しかし、その「ヨコ→タテ」システムは、今回の大震災発生前から、もう日本中いたる所で破綻を来《きた》しつつある。

我々の先祖は、平安時代、かな文字を発明し、漢字の音訓を自在に使って読み下すという民族独自の言語文化を構築した。江戸時代、大坂の商人たちは誰に教わることもなく、先端的資本主義経済を発達させた。明治の農業技術者は、亜熱帯植物のイネの栽培を亜寒帯の北海道にまで広げた。

二一世紀に入った今、我々日本人は世界標準のシステム・発想・技術ではなく、日本独自のシステムで生き延びることを考えるべきではないか。

2 〈京阪神〉大阪の弱点は「水の都」ということ

大阪湾はたびたび津波に襲われた

私の郷里の岡山からは、瀬戸内海を常に吹く西風と潮流をうまく利用すれば、江戸時代の帆船でも大坂まで一昼夜足らずで着いた。中クラス以下の農・漁家の二、三男らは成年（十五歳）に達すると、大坂の商家に丁稚《でっち》奉公に、娘たちは女中《じょちゅう》奉公に出るのが常だった。

昭和三十年代初めに中学を卒業した私の世代でも、卒業してすぐ大阪の商社・商店・町工場に住み込みで就職した者が両手指に余るほどいた。

だから私は、物心つくかつかないころから、大阪の話は耳にタコができるほど聞かされた。曰く「江戸は八百八町、大坂は八百八橋」というのは、地図で確認すればすぐ理解できた。ほかに「四ツ橋《よつばし》」という地名も、いつの間にかしっかり覚えていた。

いつのことか、私の村出身の若い男女が長堀《ながほり》川と西横堀《にしよこぼり》川が交差する四ツ橋で待ち合わせしたのに、どちらかが橋の名を間違えて出会えず、もう二度と会うことはなかった、という悲恋の物語であった。なるほど、大阪は橋の街なんだと実感させられる話だった。

大阪と水の関係に気づいたのは、大学に入って教養課程の地理の授業の最初に、大阪湾岸の干拓地が意外に脆いということを教わったときだった。明治前期以来の兵庫県尼崎《あまがさき》市付近の地形図を何枚か並べて比較すると、干拓地を囲う堤防がどこか必ず破損していて、一帯が潮漬けになっていた様子がうかがわれた。

教授によれば「ええか、大阪湾は擂《す》り鉢《ばち》のような形をしとって、真中はえらい深いのや（最深部は七四m）。その鉢の縁に堤防をなんぼ作ったかて、そんなもん保《も》つわけあらへん」ということだった。

平成七年（一九九五）の阪神・淡路大震災が起きたとき、このときの話を思い出した。あの破堤は台風による高潮・高波や洪水だけではなく、地震によるものもあったか、と。

だが今回の東日本大震災で、その考えをまた改めざるをえなかった。あの尼崎の干拓地の失敗は、実は津波のせいだったかもしれない、と。約一〇キロの狭い海域に地《じ》の島・沖《おき》の島など四島が連なる紀淡《きたん》海峡（友《とも》ケ島《がしま》水道）で紀伊水道と隔てられた大阪湾には津波は来襲しないように思えるが、さにあらず、大阪湾岸の海辺の町は史上たびたび大津波に襲われている。

大阪湾岸では昔も今も陸地化が進むが……

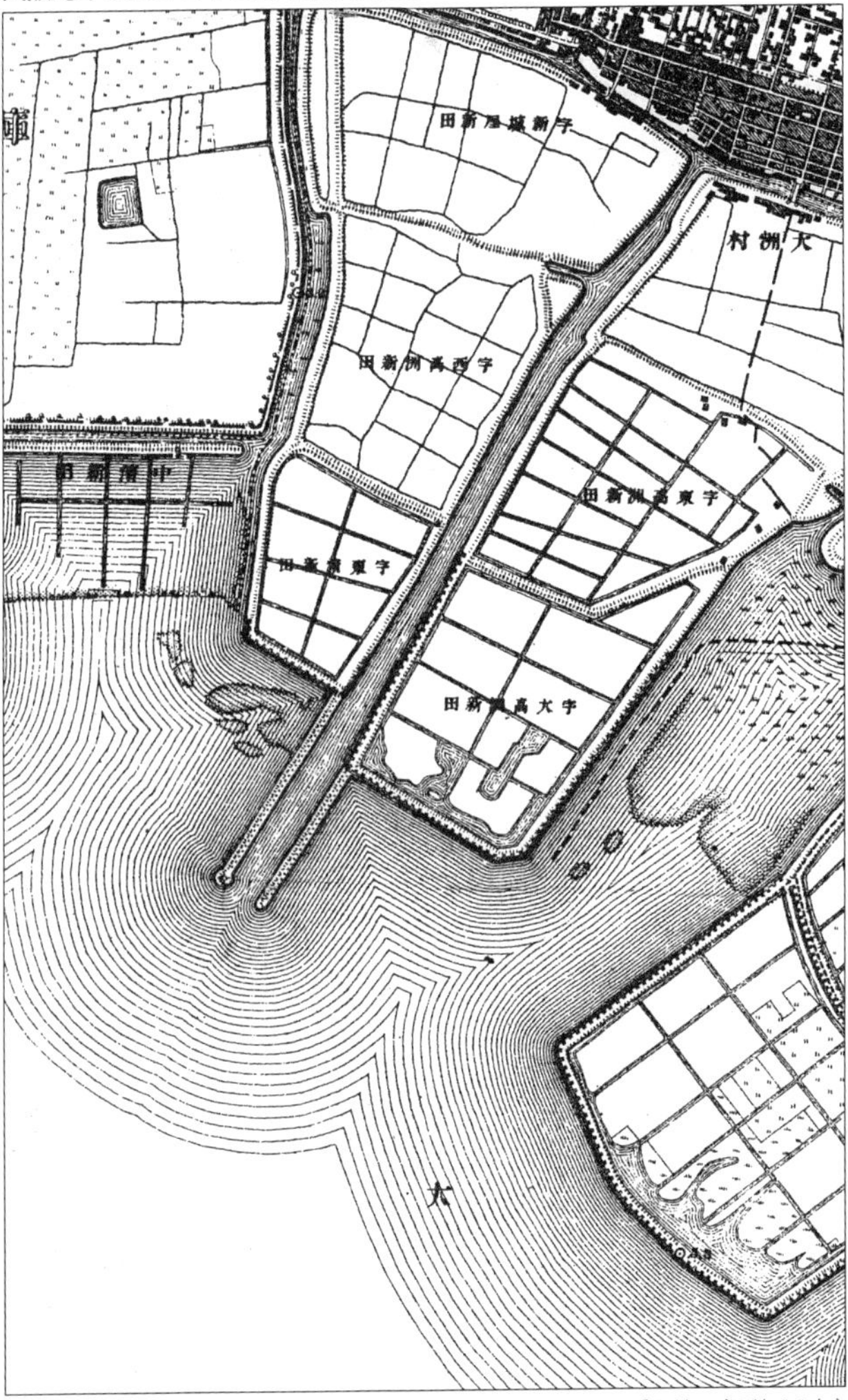

2万分1仮製図「尼崎」（明治18年）

防災学者の河田《かわだ》恵昭・関西大教授の『津波災害』(岩波新書、二〇一〇年)は、幕末の安政元年(一八五四)旧暦十一月四日に発生した安政東海地震(推定マグニチュード八・四)と、その三十二時間後の十一月五日に続発した安政南海地震(推定マグニチュード八・四)によって津波に襲われた大坂で、翌年に現・大阪市大正区の大正橋のたともに建立された「大地震両川口津浪記」の石碑の碑文を要約して紹介している。

当時書かれた文献にも、この安政東海地震と安政南海地震の様子は多数記録されている。池田正一郎『日本災変通志』(新人物往来社、二〇〇四年)は出典不明ながら、このときの大坂の惨状について、以下のように記している。

大坂も堺同様にて、蔵屋敷より海迄凡《およ》そ一里ある場所へ千石余の船数艘、汐に込み上げられ、御船手頭《ふなてがしら》屋敷前まで来る。屋敷の両側にある亀井《かめい》橋、安治川《あじかわ》橋ともに落ち、その外《ほか》、道頓堀《どうとんぼり》川筋は橋四ツ落ち、大黒《だいこく》橋にて止まる。同所に千石余の船数艘かたまり居り、大坂は平日、船自由の所であるので地震をのがれんと船に乗った者は津浪で過半溺死《できし》した。

……(六七六〜六七七ページ)

大坂を襲った津波の記録は、さらに古くからある。宝永四年(一七〇七)旧暦十月四日には、遠州灘沖の東南海地震と紀伊半島沖の南海地震が連続して発生し、推定マグニチュードは八・六に達したとされるが、大坂近辺の被害について、前記した『日本災変通志』は諸記録から次のような記事を拾っている。

十月四日、上方、大坂大地震。人家夥《おびただ》しく震《ゆ》り潰れ、人多く死す。大坂、尼ケ崎、伝法《でんぼう》、津浪の由。（「碇《いかり》ケ関《せき》旧記」）……十月四日、午の下刻、大地震。其ノ内、摂州、紀州、三州、遠州、夥しく海辺津浪、大地破れ、青色の泥湧出す。大坂は家倒れ、船流れ、死人多し、と。（「石原家記」）――（四二三ページ）

このように、大阪は史上何度も津波に襲われている。畿内で記録に残されることが多かったということもあろうが、記録を厳密に比較すれば、津波は三陸海岸よりも大阪湾岸のほうの頻度が高いのではないか。

なぜ「浪が速い」地なのか

大阪の古称「浪速」・「難波」については、『記紀』の神武天皇の東征のおり、吉備《きび》の高島《たかしま》で船を揃えて東に向かった軍団が難波碕《なんば》に至ったときに「奔《はや》き潮ありて、はなはだ急《はや》きに遭った。

よって、名づけて浪速国《なみはや》という。また浪花《なみはな》ともいう。今、難波と言うのは転訛したものである」（『日本書紀』神武天皇即位前紀）と述べられている。

大阪平野の東部、上町《うえまち》台地の東側には、古墳時代以前には河内《かわち》潟《がた》という入江があったと想定され、古墳時代以降にもその名残の深野《ふこの》池・茨田《まんだ》池などの湿地が点在していた。その入江から排出される水の流れが急で「浪速」の名が出た、というわけである。

しかし、深野池などがいつごろまで潮入りの潟湖だったかは疑問が残る。海潮が出入りする潟湖でなければ、干潮時にそんなに急な流れになるはずがない。また。現・京都盆地から流れ下る淀《よど》川は河口三角州の常で、古代三国《みくに》川（現・神崎《かんざき》川）などに分流して流れていたから、上町台地の北端で深野池から流出する流れと合流して急潮になることも考えにくい。

そこで想定できるのは、『記紀』が記す「はなはだ急き流れ」というのは、日常的な自然現象の潮汐作用を表現したものというより、数十年あるいは数百年に一度、大阪湾奥に襲い来る津波の記憶に基づくものではないか。

「浪速」とは遠い過去に経験した津波の記憶を表現したと考えれば、転訛した「難波」という穏やかならざる地名表記にも頷ける。

それならば、大阪の古称「難波」とはどういう地名だったのか。「難波」という地名は『和名抄』には二カ所に記載がある。諸本に共通するのは伊予《いよ》国風早《かざはや》郡に難波郷があり、同じ郷名

大阪は三方を水に囲まれた「水の都」

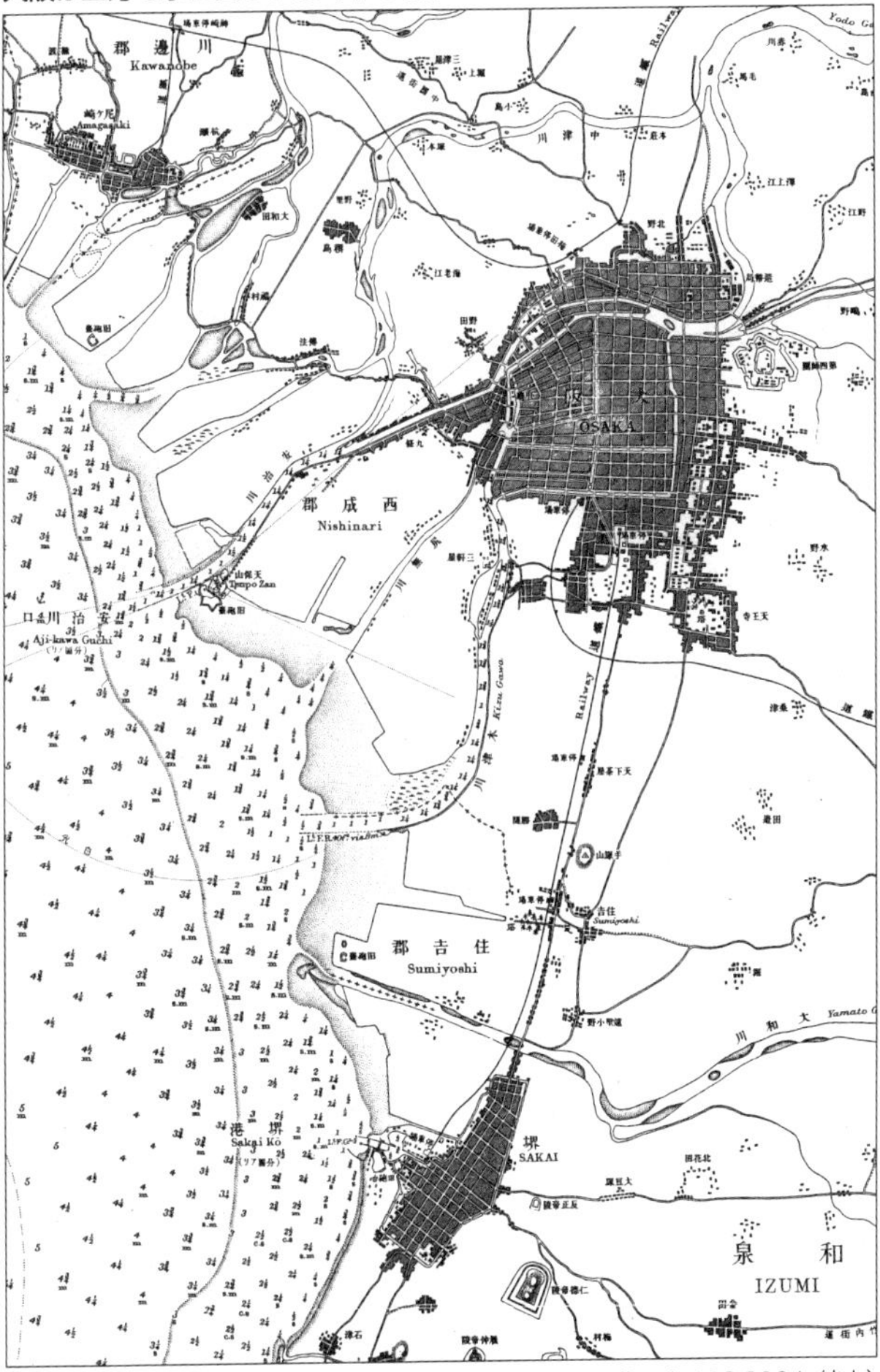

明治28年測量の海図（70,193分1を160,000に縮小）

の例でも讃岐《さぬき》国寒川《さむかわ》郡の「難波郷」はいわゆる刊本《かんぽん》にだけ記載されている。
伊予国風早郡の例は、現在でも旧・北条《ほうじょう》市（現・松山《まつやま》市）に上難波《かみなんば》・下《しも》難波の大字が残り、ナンバと読まれている。讃岐国寒川郡の例は遺称地《いしょうち》はなく、『和名抄』刊本にも訓注がないので読みは不明。

ほかに「難波」と書いてナンバと読む地名は各地に数カ所あるが、うち京都市左京区の難波町や兵庫県・滋賀県の「難波」は大阪の難波が伝播《でんぱ》した例であろう。ほかに岐阜県大垣《おおがき》市、京都府宮津《みやづ》市に「難波野《なんばの》」があるが、これらは後述するナバ地名に「難波」の文字を当て、大阪の古称の読みに影響されてナンバと読むようになったものか。

伊予国風早郡の難波郷の遺称地である愛媛県松山市（旧・北条市）の上難波・下難波の地形を調べると、背後に高縄《たかなわ》山地の恵良《えりょう》山（標高三〇二m）がそびえ、その山麓がなだらかに山裾を引く傾斜地にある。ほかの「難波野」の例もいずれも、緩やかに傾斜する地である。

そこで、『日本国語大辞典』を引くと、次のような動詞が載っていた。

なばえる　①斜めにする。兵庫県赤穂郡。ほか中国・四国地方各県。②水があふれる。山口県。

この方言用例の①と②の関係は、容器を斜めに傾ければ容器の中の液体はすぐ零《こぼ》れる、という関係である。それはまた、各地の「難波」・「難波野」の地名の地形にも実によく合致する。この方言の動詞は、ナビク（靡）という自動詞に対応する語であろう。

とすると、古代の大坂の「難波」も元来はナバで、「傾斜地」のことだったのではあるまいか。上町台地が湾岸の低地になびく地形は、中世には「小坂《おさか》」、近世には「大坂」、近代には「大阪」と表わされた。

古代の「難波」と近世の「大坂」は一見、何の関係もなさそうに思われているが、あにはからんや、「小坂」・「大坂」・「大阪」は、古代の「難波」が同義の別語に姿を変えた地名ということになる。

問題は、「難波」といういかにも難がありそうな地名表記にある。なぜ、「難波」などという難癖《なんくせ》をつけたくなるような用字を使ったのか。

古代人は、この大阪の地が「津波の常襲地」であることを十分承知しており、そのことを踏まえたうえで、あえて「難のある波」という表記にしたのではないか。

そこまで推理すれば、神武東征伝承に語られる「浪速《なみはや》(なにわ)」の語の背景がよく分かる。奈良時代の知識人は、「この地は津波が襲いくる地だ」と積極的に伝えたくて、神武東征伝承の舞台にこの地を登場させたのであろう。我々現代人は、古代人の知恵と自然観察力に学ばなければばならないことが多い。

古代「血沼海」の意味すること

国郡制制定以前、大阪湾岸はチヌ（血沼・茅渟）と呼ばれていた。『古事記』神武東征の段に、日下《くさか》の盾津《たてつ》において五瀬命《いつせのみこと》が登美の那賀須泥毘古《ながすねびこ》の射た矢で負傷した手を洗ったから「血の沼」という、とある。

『日本書紀』神武東征紀でも物語はほぼ同じだが、地名は「山城茅渟《やましろのちぬ》」となっており、「茅《ちがや》の茂る沼地」であることと、「山城国との関係」をそれとなく語っている。

同じ『日本書紀』崇神《すじん》天皇紀には「茅渟県《あがた》」、允恭《いんぎょう》天皇紀には「河内茅渟」、雄略《ゆうりやく》天皇紀には「茅渟県主《あがたぬし》」の名が見える。のち、姓氏名としては漢字一字で「珍《ちん》」と書いた例もあるが、日本では地名・姓を漢字一字で書く風は結局、広まることはなかった。我々の祖先は漢字文化を導入したが、その音訓を自在に使いこなし、他国の文化一色に染まることはなかった。

ところで「血沼」または「茅渟」の地名は、西日本で黒鯛をいうチヌとの関係で、「チヌがよく獲れる海だから」という地名由来説がある一方で、「茅渟の海で獲れる魚だからチヌという」と地名↓魚名とする説も行われてきた。

チヌは潮通しの良い岩礁水域を好み、子供の釣り竿にもよく掛かる。東日本の沿岸では、黒鯛の幼魚をチンチンと呼ぶことなどから考えて、結論を言えば、魚名と古代地名「茅渟」はまったく関係ない語だと思う。

ならば古地名「茅渟」とは、何を表現したものかということになるが、チ（千）ヌ（沼）で、「たくさんの沼（潟湖）が点在する地」という解釈しか考えられない。

律令制の国郡制が成立する以前、現在の大阪府の内陸部を中心に「河内国」と呼ばれていた。一方、現・兵庫県南東部から南の大阪湾沿岸は、淀川河口三角州一帯が前述した「浪速国」で、この「浪速国」を除いた砂州と潟湖が織りなす湾岸一帯は一面に点在する低湿地混じりの地だから「千沼国」・「茅渟国」と呼ばれていたのであろう。

大阪は古代から「水の都」であった。水運の便や肥沃な耕地に恵まれた畿内の中枢に位置し、江戸に政権の中枢が移っても「天下の台所」として日本経済の中枢の地位は保ち続けた。その大阪と関西（大阪）圏の没落は、皮肉なことに戦後の高度経済成長期に始まった。その理由はおそらく、経済の国際化に伴って、政治と経済活動の密着度が高まったことによる。

しかし、ものは考えようである。今、成長の鈍化に加えて今回の大震災によって、日本の社会は大転換を余儀なくされている。この転換期に、大阪と大阪圏はどう対応するのか。

関西国際空港は、平成六年（一九九四）に関西圏の振興を図るために、大阪湾沖に建設された。用地買収などさまざまな困難があって海上空港という選択になったのだろうが、のちの中部国際空港も含めて大型施設を海面埋立てで建設するという発想は、防災という視点から見ればかなり危ない。

いつかは来るはずの南海地震に、関西国際空港は耐えられるのだろうか。成田空港の立地選定ミスが関西国際空港にも影響したと思われるが、海を埋めて大型施設をつくるという発想は、やがて大きなツケを支払わされる、とあえて指摘しておきたい。

大阪オリンピック誘致の準備過程で、大阪府・市は大阪湾を埋め立て舞洲《まいしま》・夢洲《ゆめしま》などの新開地を造成した。おおかた神戸市のポートアイランドの成功に倣《なら》おうとしたのであろうが、これも環境保護の面からも防災の観点からも大間違いだった。

大阪府の橋下《はしもと》徹前知事は、大阪湾に浮かぶ埋立て地に府庁を移転しようとして失敗し、次に「大阪都構想」を打ち出した。もし東京の首都機能の分散を望むなら、東京が直下型地震などに襲われた場合を想定し、その東京よりも安全な都市構造に改造していなくては話にならない。

大阪を含めた近畿地方は、東京圏よりも地震の危険はむしろ大きい。その上、津波の被害もありうる、となれば、大阪への首都機能分散など、日本全体にとっては新たな災厄を背負い込まされるようなものである。

3　〈中京圏〉名古屋も津波の危険性がある

「海に成る」地か、「海が鳴る」地か

名古屋市緑区鳴海町は、江戸時代は東海道五十三次の宿場町で、「鳴海絞《しぼ》り」は旅行く人びとの格好の手土産としてブランド化した。『和名抄』には尾張国愛智郡成海郷とあり、平安中期の寛仁《かんにん》四年（一〇二〇）、父の任地の上総から帰京する菅原孝標女《たかすえのむすめ》はのちに著した『更級《さらしな》日記』の中で、潮が満ちてくる鳴海潟の光景を十三歳の少女の目で次のように描いた。

尾張国鳴海の浦をすぐるに、夕潮たゞみちにみちて、今宵宿らむも中間に潮満ちきなば、こゝをも過ぎじと、ある限り走りまどひすぎぬ。……

（鳴海の浦を過ぎると、潮がどんどん満ちてきて、今夜泊る宿場の中間にまで潮が満ちてきたので、ここを通り過ぎようと、力いっぱい走って回った。……）

満潮時に干潟にひたひたと満ちてくる海潮の様子、その波打ち際を急ぐ旅人の心細さがよく窺《うかが》える一文である。ただし、満ち潮は音もなくひたひたと押し寄せるもので、「鳴る海」とい

う地名表現には大いに違和感がある。引き潮時にも、海底がごく浅いこの潟では音はしないものと思われる。

音が出るような急潮の場合、狭い海峡があり、その潮の通り口の前後に「海釜《かいふ》」という凹形の窪地ができる。陸化した今でもその跡は残っているはずだが、この地にはそんな痕跡は何もない。

鎌倉中期に成立した『新古今和歌集』には、藤原秀能の、

風吹かば　よそに鳴海の片思ひ　思はぬ涙に鳴く　千鳥哉

が載るほか多くの歌に詠まれ、のち歌枕名所となった。

この「成海（鳴海）」は、簡単なようで意外に難解な地名である。そもそも、地名用語ナルの場合、「（音が）鳴る」意か、「ナルイ（均）」の意かのいずれかで、それ以外の意味は何も考えなくていいはずだった。

ところが、「ナルイ（均）海」というのはほとんど語義矛盾になる。一方の「鳴る海」とは、鳴門海峡や鳴滝などの場合を除き、何のことやらわけが分からなくなる。

地形をどのように検討しても、この「鳴海」が音が出る海とはとても考えられない。

悩んでいたとき、ふと「海嘯《かいしょう》」という熟語が頭に浮かんできた。もう二、三十年前にもなるだろうか、たしか司馬遼太郎『街道をゆく』で、中国・浙江《せっこう》省の銭塘江《せんとうこう》の河口に押し寄せる大波を「海嘯」と呼んでいた。おなじころ、ブラジル・アマゾン川のポロロッカの映像もどこかのTV局で放映していたが、よく似た現象だった、と思い出した。

漢字の「嘯」は、「口をすぼめて口笛を吹く。うそぶく」という意味だという。ならば、「音」が出るではないか。

厳密にいえば、海嘯・ポロロッカと津波とは起因がまったく異なり、似て非なる自然現象である。ただ、見た目には、押し寄せてくる大波の姿はよく似ている。

今回の大津波も含めて、私はTVの画面では津波の映像は何度も見たが、自分の目で見て、どんな音を立てているのか、実際に音を聞いたことはない。ただ、あの渦巻きながらぐんぐん押し寄せる津波の映像を見ていると、錯覚かもしれないが、すさまじい音が聞こえてくるような気がした。

そう感じるだけでいいではないか。漢字の「嘯」とは、空間を伝わる音か、音ならぬ音か、そういう微妙な音響なのではないか。

古代の人びとが津波は音を立てて押し寄せて来るもの、と認識していたなら、「鳴海」という地名はよく理解できる。

名古屋は「水に弱い」大都市だ

今から五十二年前の昭和三十四年（一九五九）九月二十六、二十七日の両日、名古屋市は空前の水害に見舞われた。伊勢湾《いせわん》台風による高潮で、東海三県を中心に死者四六九七名、行方不明者四〇一名、負傷者三万八九二一名、家屋損壊八三万三九六五戸、床下・床上浸水三六万三六一一戸、田畑冠水二一万ヘクタール余という大被害を受けた。その被害の中心は、名古屋市を中心とする愛知県に集中した。

その後も、名古屋市では庄内《しょうない》川や天白《てんぱく》川下流域沿岸で、新興住宅地が浸水する水害が毎年のように頻発している。

大都市近郊の低地に住宅地が開発されて、結果として水害の危険にさらされる悲劇は、ＴＶドラマの名作といわれた「岸辺のアルバム」で広く知られた。それでもなお、地価の安さを求めて低湿地に新しい宅地が開発され続けている。

しかも、民間の住宅販売会社だけでなく、県や市の住宅供給公社までが「安かろう、危なかろう」の宅地販売を白昼堂々と行っている。

今回の大震災の「災いを転じて福となす」ためには、政府も民間も、「我々は世界で最も危険に満ちた災害列島に住んでいるのだ」という自覚を新たにし、想定できる限りの安全策を講じようではないか。

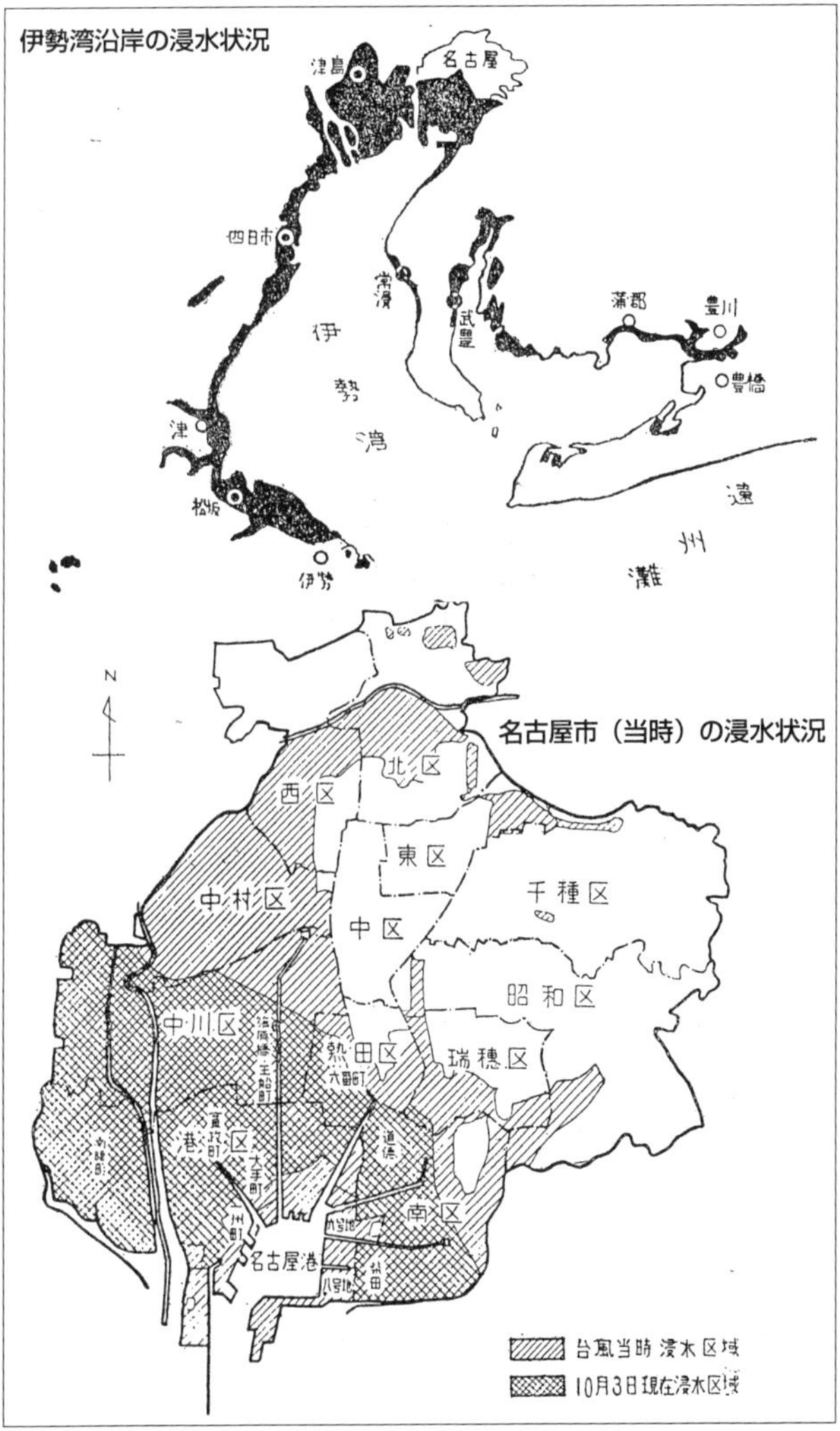

名古屋市刊『伊勢湾台風災害誌』（昭和36年）による

名古屋市は抜本的都市改造を

平成二十三年十月二日の「東京新聞（中日新聞）」は、名古屋大・川崎浩司准教授の研究の結果として、東海・東南海・南海の三連動地震が発生し、それが東日本大震災クラスのマグニチュード九・〇級の巨大地震で八メートル以上の津波が来ると仮定すると、現在の国想定の五三倍に浸水地域が広がり、JR名古屋駅付近まで浸水域になると報じている。

名古屋市は、これを契機に都市構造を抜本的に改造すべきである。私が本書の執筆のために調べただけでも、過去何度も二連動・三連動地震が発生している。明治以降一四〇年間がむしろ、奇跡に近いような平穏期だったのではないか。三連動地震は必ず起きるし、その想定規模はマグニチュード九・〇ではなくて、九・五もありうるのではないか。

なぜなら、マグニチュード九・五規模の巨大地震はすでに一九六〇年五月、南米チリで発生している。チリで起きたことが日本列島周辺で起きないという保証は何もない、からである。むしろ、日本では、地震・津波に関しては世界のどこよりも巨大な被害が出ることを想定して対処しておくべきだ——というのが、今回の大震災で私が得た教訓であった、と申し上げておく。

著者略歴

楠原佑介《くすはらゆうすけ》

一九四一年、岡山県生まれ。

京都大学文学部史学科（地理学）卒業。

出版社勤務の後、編集・著述・評論活動に入る。

「地名情報資料室・地名110番」主宰、正しい地名復興運動世話人。

著書に『こんな市名はもういらない！』『この駅名に問題あり』『「地名学」が解いた邪馬台国』『こうして新地名は誕生した！』等、
共編著に『地名用語語源辞典』『市町村名変遷辞典』『消えた市町村名辞典』等がある。

幻冬舎新書 241

この地名が危ない

大地震・大津波があなたの町を襲う

二〇一一年十二月二十日 第一刷発行
二〇一八年 九 月二十五日 第七刷発行

著者 楠原佑介
発行人 見城 徹
編集人 志儀保博
発行所 株式会社 幻冬舎
〒一五一-〇〇五一 東京都渋谷区千駄ヶ谷四-九-七
電話 〇三-五四一一-六二一一(編集)
〇三-五四一一-六二二二(営業)
振替 〇〇一二〇-八-七六七六四三
ブックデザイン 鈴木成一デザイン室
印刷・製本所 中央精版印刷株式会社

Printed in Japan ISBN978-4-344-98242-0 C0295
く-3-1
幻冬舎ホームページアドレス http://www.gentosha.co.jp/
*この本に関するご意見・ご感想をメールでお寄せいただく場合は、comment@gentosha.co.jp まで。